河南省2022年度教师教育课程改革研究项目重点项目：新媒体语境下传统文化课程在基础教育中的应用研究与实践探索（项目编号2022-JSJYZD-050）

不一样的文学课

BU YI YANG DE WEN XUE KE

丁雪艳 著

河南大学出版社
HENAN UNIVERSITY PRESS
·郑州·

图书在版编目（CIP）数据

不一样的文学课/丁雪艳著.--郑州：河南大学出版社，2022.3
ISBN 978-7-5649-5077-4

Ⅰ.①不… Ⅱ.①丁… Ⅲ.①中国文学－古典文学研究 Ⅳ.①I206.2

中国版本图书馆 CIP 数据核字(2022)第 053001 号

责任编辑	卢志宇
责任校对	赵海霞
封面设计	郭　灿
出版发行	河南大学出版社
	地址：郑州市郑东新区商务外环中华大厦 2401 号
	邮编：450046　　电话：0371-86059701（营销部）
	网址：hupress.henu.edu.cn
排　版	河南大学出版社设计排版部
印　刷	河南文华印务有限公司
版　次	2022 年 9 月第 1 版　　印　次　2022 年 9 月第 1 次印刷
开　本	890 mm×1240 mm 1/32　　印　张　7.25
字　数	145 千字　　　　　　　　定　价　20.00 元

版权所有，侵权必究

本书如有印装质量问题，请与河南大学出版社营销部联系调换。

前 言

我们常常会读到一些文学作品,尤其是古代的文学作品,诗词歌赋之间,是我们引以为傲的平平仄仄。然而,就是这些看似平常的诗词作品中,有些还是我们熟读成诵的作品,却有着不为我们所知的一面。

你知道上古神话的原型吗?

你知道我们现在读的《诗经》有错吗?

你知道"丧家之狗"是形容孔子的吗?

你知道乌江自刎的项羽曾引发一场辩论吗?

你知道李白杜甫之间的友情到底是怎么回事吗?

你知道苏轼还是一个大发明家吗?

你知道《儒林外史》的主人公是谁吗?

诸如此类的问题,不一样的文学课,从不同寻常的角度去解读看似司空见惯的古代文学作品!

跟随不一样的文学课,我们一起去探寻文学作品中的不同寻常。

你,准备好了吗?

目 录

1. 精卫填的不是海 1
2. 夸父追逐的不是太阳 6
3. 那些年我们读错的《诗经》 11
4. 《蒹葭》：可望而不可即的伊人 16
5. 《采薇》：厌战思归的咏叹 23
6. 丧家之狗：孔子 28
7. 一场辩论赛：项羽乌江 32
8. 乱世情思：《行行重行行》 39
9. 《迢迢牵牛星》：也说牛郎织女 44
10. "纯属偶然"的《思旧赋》 51
11. 田园中的陶渊明与李子柒 57
12. 没有酒的《饮酒》诗 62
13. 伟大的跨代传播：张若虚《春江花月夜》 70
14. 张若虚《春江花月夜》：哀而不伤的典范 75
15. 大唐才子：李白 79
16. 《长干行》：不一样的思妇 89

17. 诗酒自结缘 94
18. "倒霉孩子"杜甫 102
19. 李白与杜甫的"友情" 113
20. 《长恨歌》里藏着白居易的爱情往事 118
21. 白居易《长恨歌》的主人公：汉皇重色与杨家有女 129
22. 元稹：曾经的沧海水和巫山云 134
23. "恨不相逢未嫁时"的并不是节妇 142
24. 李商隐：情到深处是无题 148
25. 千古词帝：李煜 156
26. 一代词圣：柳永 162
27. 大发明家苏轼 168
28. 一场雨淋出的人生哲理：《定风波》 178
29. 情为才掩李清照 182
30. 文武全才辛弃疾 188
31. 《西厢记》：张生和莺莺的故事 192
32. 至情至性《牡丹亭》 198
33. 范进中举之后的故事：《儒林外史》 203
34. 《儒林外史》的主人公到底是谁？ 208
35. 聊斋先生的孤愤 212
36. 《红楼梦》：石头的故事 217
后　　记 223

1. 精卫填的不是海

精卫不是精卫,

大海不是大海。

精卫填的不是海,是抗争。

精卫填海,是一个成语,比喻有深仇大恨,想方设法报复,也用来比喻不畏艰难,不达目的誓不罢休的决心。

同时,精卫填海也是一个神话故事。

不一样的文学课带你解读《精卫填海》——

故事原型:精卫不是精卫

精卫填海的故事记载于《山海经·北山经》:

> 发鸠之山,其上多柘木。有鸟焉,其状如乌,文首、白喙、赤足,名曰精卫,其鸣自詨。是炎帝之少女,名曰女娃。女娃游于东海,溺而不返,故为精卫,常衔西山之木石,以堙于东海。

这个故事中的精卫是炎帝的小女儿女娃溺水后所化而成,因为怨恨大海,日复一日、年复一年地衔木石填海,有着坚韧的毅力和必达的决心。

在《精卫填海》这个故事中,我们还看到了一个事实:女娃溺水不返。

《精卫填海》这个故事的原型,也许是大海吞噬了一些孩子的生命,先民们愤怒又无力,便创造出填海的精卫,让其用执着的行为填平人们心中的悲痛。

我们可以推测,上古时期,居于海边的部落中也许会发生孩子溺亡的悲剧,人们面对大海悲恨交加却又无能为力。当炎帝的小女儿女娃也溺水之后,人们将这份悲愤心情化为精卫填海的行动,于是,人们创造出了《精卫填海》的神话。

在这则神话里,寄寓了人们挑战大海的决心和勇气。一定意义上,精卫不是女娃的化身,而是人们悲愤心情的化身。精卫填海这看起来徒劳的举动,却成为人们精神上战胜大海的出口。

所以,我们可以说,在这个故事里,精卫不是精卫,她是人们悲愤心情的化身。

防溺水教育:大海不是大海

闫德亮在《中国古代神话的文化观照》一书中指出:"中国上古神话中记录了很多典型的非自然死亡,其中的意外让今人看到了先人在自然面前的弱小和无能为力，同时也透出了生命的脆弱。"《精卫填海》的故事，我们就可以这样分析：《精卫填海》其实反映的是上古时期的非自然死亡事件。

《精卫填海》这个故事让我们最直接地联想到的就是防溺水教育。因为《精卫填海》的故事里，最直接的事件就是女娃溺亡。

《精卫填海》的故事，也可以看作最早的防溺水教育，它告诫孩子们：大海很危险。

直至现在，每年寒暑假教育部、学校都会针对中小学生，乃至大学生进行防溺水宣传教育。

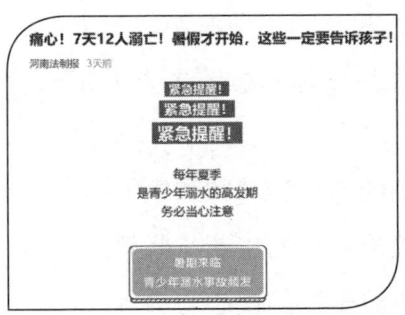

然而，每年暑假都会有令人痛心的溺水事故发生。

所以，我们在读《精卫填海》这个故事时，一定要谨记女娃溺亡事件的教训，远离危险水域，珍爱生命。

精卫不是在填海，是抗争

有这样一个数学题，要求计算精卫填海所需的时间。

我们不妨用数学的思维来看精卫填海，估算一下精卫想要填平大海大约需要多少时间：

地球上大海的面积约为3.6亿平方千米，平均深度为3800米，那么它的体积大约是1.37×1000000000000000000立方米，假设精卫每次衔的小石子为4立方厘米，这样就需要3.42×100000000000000000000000（10的23次方）块小石子才能填平大海。假定它每衔一块石子需要10秒，那么就需要3.42×1000000000000000000000000（10的24次方）秒时间，大约为10的17次方年，也就是10亿亿年。

从这里我们可以看（算）出，精卫想要填平大海需要10亿亿年，这个时间长度已经远远超出目前可知宇宙的年龄。然而就是这看似不可能的努力，留给我们的是不屈的抗争和自强不息的精神！

习近平总书记在2016年答美国记者问时曾说："我喜欢中国的神话《夸父逐日》和《精卫填海》，一个死在追求光明的路上，一个立志要用个体的微薄之力去完成看似不可能完成的任务。"

所以，《精卫填海》更多的是一种精神和象征：
是"精卫衔微木，将以填沧海"的决断与坚毅；
是"口衔山石细，心望海波平"的决心与勇气；
是"大海无平期，我心无绝时"的决绝与抗争。

文学小贴士：

《山海经》约成书于战国初年到西汉初年之间，不是一时一地之作，它是一本带有民间原始宗教性质的书籍，也是我国古代保存神话资料最多的文献。《山海经》共计18卷，分为《山经》5卷，《海经》13卷（海外经4卷、海内经5卷、大荒经4卷），内容极其丰富，除神话传说、宗教祭祀外，还包括我国古代地理、历史、民族、生物、矿产、医药等方面的资料。

# 2. 夸父追逐的不是太阳

夸父追逐的，
不是太阳，
是梦想。

夸父逐日，是一个成语，比喻人有大志向，也比喻不自量力。夸父逐日，也是一个神话故事。不一样的文学课将带你解读《夸父逐日》——

> 夸父与日逐走，入日。渴，欲得饮，饮于河、渭；河、渭不足，北饮大泽。未至，道渴而死。弃其杖，化为邓林。
>
> ——《山海经·海外北经》

原型思考：到底发生了什么？

夸父在神话中是一个巨人，《山海经·大荒北经》中记载，夸父是大神后土的子孙。

> 大荒之中，有山名曰成都载天。有人珥两黄蛇，把两黄蛇，名曰夸父。后土生信，信生夸父。
>
> ——《山海经·大荒北经》

在《夸父逐日》这则神话中，我们看到了夸父追逐太阳最终失败的故事。

那么，夸父为什么追逐太阳呢？

也许是好奇——

远古的先民看到太阳东升西落产生疑问，或者是人们对太阳西落的地方比较好奇，想要一探究竟，于是创造出夸父逐日的神话故事，让夸父代替人们去探寻太阳的踪迹。

也许是一场比赛——

夸父作为一个巨人，想要追逐太阳，与太阳来一场比赛，《列子·汤问》中说："夸父不量力，欲追日影，逐之于隅谷之际。"

也许是追逐光明——

也许是为民除害——

……

不管如何，夸父都去逐日了。那么我们也思考一下：夸父逐日，这个故事背后到底发生了什么呢？

北京天文学会张杰主讲课程"中国古代天文学里的星空密码：懂得这些，再去穿越"里猜想：夸父手里拿着棍子，追逐着日影，棍子加日影这个组合，很像上古时期观测日影的天文工作者。他推论夸父逐日的故事，其实就是一个天文工作者兢兢业业的工作过程。

对于这个故事，每个人都可以有猜想。我猜想，夸父逐日的故事，可能是一次失败的部族迁徙，沿着太阳行走的路线，从东向西走（逐日），最后走到高原沙漠地带，道渴而死。

我们可以猜想这样一个场景：一个逐水草而居的部落要迁徙，在方向的选择上出了问题，这个部落决定追随太阳的脚步迁徙，即向西走。我们国家的地貌是西高东低，东边是大海，西边是高原戈壁。这个部落一直向西，走入了沙漠之中，在他们的意识中，此处又热又干，应该是接近太阳了（入日）。他们非常饥渴（渴，欲得饮），寻找水源又一无所获，似乎全世界都干涸了，于是他们觉得黄河、渭水全部都干涸了（饮于河、渭；河、渭不足）。他们决定改变方向朝北走，寻找他们听说的大泽（北饮大泽），但走到半路就全部渴死了（未至，道渴而死）。那个时候可能还没有文字，属于结绳记事的远古时期，有人在岩壁上留下一幅画来记录这次失败的迁徙，他用一个大大的巨人代替了这个部落的很多人。这幅画也许是这样的——

又过了N年，有人看到这幅画，一个巨人在向着太阳奔走，于是只能凭借图画猜测发生了什么事情，发挥想象再创造出神话故事夸父逐日。

我们读到神话（尤其是没有文字记载时代的故事），应该回溯到故事发生的年代，去探究一下到底发生了什么，去探究神话背后的原型故事。

文化意义:故事表达了什么?

夸父逐日这个故事,表达了什么呢?

表达先民探索自然征服自然的决心?

表达先民对宇宙的好奇与探索?

表达先民的无所畏惧与不自量力?

古代诗人陶渊明在他的《读山海经》(其九)中说:

> 夸父诞宏志,乃与日竞走。
>
> 俱至虞渊下,似若无胜负。
>
> 神力既殊妙,倾河焉足有!
>
> 馀迹寄邓林,功竟在身后。

当代诗人余光中在《夸父》中说:

> 为什么要苦苦去挽救黄昏呢?
>
> 那只是落日的背影
>
> 也不必吸尽大泽与长河
>
> 那只是落日的倒影
>
> 与其穷追苍茫的暮景
>
> 埋没在紫霭的余烬
>
> ——何不回身挥杖
>
> 迎面奔向新绽的旭阳

去探千瓣之光的蕊心？

壮士的前途不在昨夜，在明晨

西奔是徒劳，奔回东方吧

既然是追不上了，就撞上！

夸父以一己之力追逐太阳，明知不可为而为之。

夸父逐日与其说是一个神话，不如说是一种精神的象征，一种勇于抗争、宁死不屈、乐于奉献的精神。抗争与不屈是一种坚韧的品格，是中华民族文化的精髓。夸父以死逐日，即使身死，仍使手杖化作为后人庇荫的桃林，所以夸父的精神是不死的。

也许，夸父追逐的，不是太阳，是梦想——

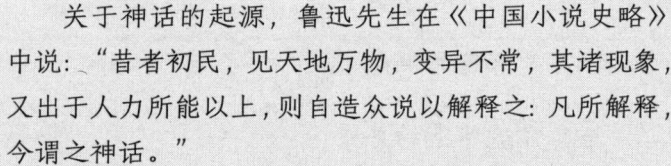

文学小贴士：

  关于神话的起源，鲁迅先生在《中国小说史略》中说："昔者初民，见天地万物，变异不常，其诸现象，又出于人力所能以上，则自造众说以解释之：凡所解释，今谓之神话。"

3. 那些年我们读错的《诗经》

你读过《诗经》吗？

你读的《诗经》正确吗？

有人会产生疑问了，这个问题是什么意思？

难道我熟读成诵的《诗经》还有错误？

不一样的文学课将带你去探索事情的"真相"。

打开《诗经》，第一首就是《关雎》：

  关关雎鸠，在河之洲。窈窕淑女，君子好逑。

  参差荇菜，左右流之。窈窕淑女，寤寐求之。

  求之不得，寤寐思服。悠哉悠哉，辗转反侧。

  参差荇菜，左右采之。窈窕淑女，琴瑟友之。

  参差荇菜，左右芼之。窈窕淑女，钟鼓乐之。

这首诗讲的是一个青年男子爱上了一个女子，并开始取悦追求于她的故事。

然而，这只是之前书本上学到的《关雎》。

不一样的文学课，带你学习不一样的《关雎》！

首先，科普一个名词——错简。

众所周知，春秋时期书写用的是竹简，这些典籍经历了秦朝的焚书坑儒，现代还能流传下来真心不容易，都是通过特殊手段保存下来的，或藏于墙壁之间，或埋于土地之下。

这些典籍在残垣断壁之中被发现的时候，因为年代久远，串简的绳子腐朽（断了），一部书就可能成为一堆散乱的竹简。而最早看到它们的先人尝试整理，恢复原貌，

于是对一堆乱简进行重新拼接组合。然而，在重新组合这些散乱竹简的时候，毕竟各有各的想法。于是乎，在排列整合的过程中，由于认识的偏差，将一些竹简的前后次序弄乱了，这就是"错简"。殊不知，排列整合时的主观臆断造成了我们现在看到的"客观"存在。

说到这里，大家可能就明白了，我想说的是：《关雎》存在错简问题。

你可能会感到很惊讶，也很错愕——我们熟读成诵的

诗句，怎么可能是不对的呢？

我们想要看《诗经》的原貌，就须对照先秦的典籍，依据与《诗经》同时代或稍后的文献，看看它们对《诗经》的记载。

《论语》中有一些文学评论是关于《诗经》的，《论语·泰伯》中提及"师挚之始，关雎之乱，洋洋乎盈耳哉！"

从《论语》中这句话，我们可以看出，甚至可以肯定《关雎》存在"乱"章的现象。（注："乱"，就是文章结尾抒发议论性的文字，我们在《楚辞》里可以见到"乱曰""乱云"，都是在文末发表感慨的句子。）

《关雎》里，属于议论的句子只有——

　　求之不得，寤寐思服。

　　悠哉悠哉，辗转反侧。

依照《关雎》存在"乱"章的思路，我们重新审视诗文，就会看到这篇诗文需要重新排列全诗各章顺序，将二三章移后，于是，重新排列之后的《关雎》成为这个样子：

　　关关雎鸠，在河之洲；窈窕淑女，君子好逑。

　　参差荇菜，左右采之；窈窕淑女，琴瑟友之。

　　参差荇菜，左右芼之；窈窕淑女，钟鼓乐之。

　　参差荇菜，左右流之；窈窕淑女，寤寐求之。

　　求之不得，寤寐思服。悠哉悠哉，辗转反侧。

这样的排列是不是更顺眼？

当然这样的排列之后，《关雎》诗意也随之改变：

君子爱上这个窈窕淑女之后，"琴瑟友之""钟鼓乐之""寤寐求之"，然而，这个含蓄克制的窈窕淑女都不为所动，于是失恋之后的君子"悠哉悠哉，辗转反侧"，失眠了。我们看到的仅仅是"辗转反侧"，而不是"哀毁伤身"，这时我们才理解孔子所谓"《关雎》乐而不淫，哀而不伤"的评价。

当然，解读这首诗的错简问题，就是想要大家明白一个道理：你一直深信不疑的东西也许就是错的，你一直习以为常的存在也许就是误读，不要人云亦云，不要盲目迷信。

在读书的时候，我们需要一些怀疑的精神，更需要多一些创新的思维。

文学小贴士：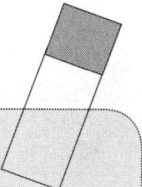

《诗经》原名《诗》，或称"《诗》三百"。汉武帝"卓然罢黜百家，表章六经"，"置五经博士"，崇《诗》为经，称《诗经》。

《诗经》存目311篇，其中笙诗6篇，有目无辞，即只有标题没有内容，故实有305篇。《诗经》是我国古代第一部诗歌总集，分风、雅、颂三部分，反映了西周时期劳动人民的生活情况。

4.《蒹葭》：可望而不可即的伊人

《蒹葭》出自《诗经·秦风》，不一样的文学课带你解读这首《秦风》中的变调——

说起《秦风》，我们首先要了解东周时代秦地的位置，周孝王的时候，秦人的先祖非子曾经受封于秦谷，也就是在现在的甘肃天水。后来，在秦襄公时，因为出兵护送平王东迁有功，又得到了岐山以西的一大片封地。秦地的地域范围大致包括现在东起陕西关中，西到甘肃东南部一带。

秦俗强悍，乐于战斗，《秦风》一共有10篇，如《无衣》《车邻》《小戎》《驷驖》等，大都是和战争有关。而《蒹葭》则与《秦风》中其他篇目风格完全不同。

诗经·秦风·蒹葭

蒹葭苍苍，白露为霜。所谓伊人，在水一方。

溯洄从之，道阻且长。溯游从之，宛在水中央。

蒹葭萋萋，白露未晞。所谓伊人，在水之湄。

溯洄从之，道阻且跻。溯游从之，宛在水中坻。

蒹葭采采，白露未已。所谓伊人，在水之涘。

溯洄从之，道阻且右。溯游从之，宛在水中沚。

关于这首诗的诗意，说法不一。

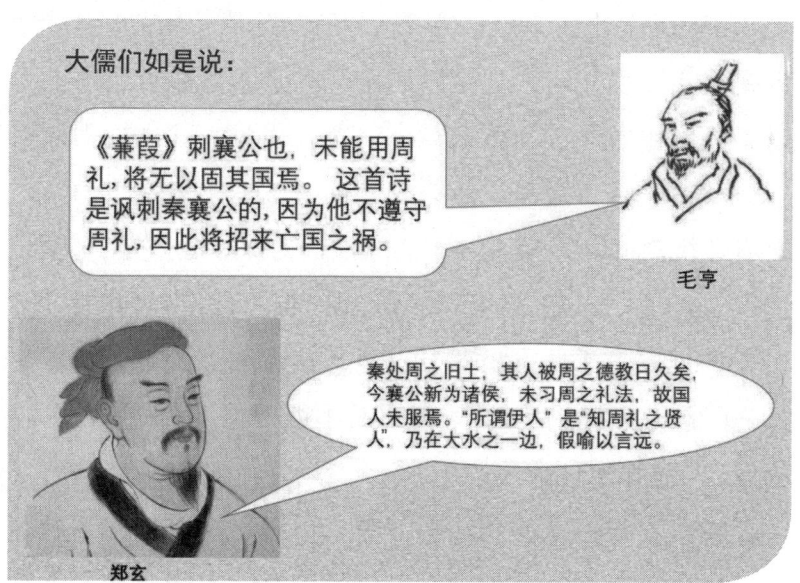

汉代毛亨和郑玄在解读《诗经》时认为这首诗是讽刺秦襄公的，讽刺他是新诸侯，不能遵从周礼，"所谓伊人"是"知周礼之贤人"，隐于大水之一边。

宋代的朱熹在《诗序辨说》中批评《毛诗序》穿凿附会，他觉得这首诗就是在说："秋水方盛之时，所谓彼人者，乃在水之一方，上下求之而皆不可得。然不知其何所指也。"朱熹觉得这首诗就是在描述一个场景，秋天的河边，伊人、彼人分别在河的两边，上下求索却不能找到，至于有什么其他的含义,不知道了。朱熹很诚实地说了不知道,同时,因为他的不知道,这首诗被定义为朦胧诗,主旨不明,自然朦胧了。

清代学者的观点从汉儒演化而来。

清代姚际恒认为,这首诗是招隐之诗,也就是追寻之人是君主,而"伊人"是隐居水滨的贤士,整首诗的上下求索显示出君主的招隐之意——慕而思见。汪凤梧则认为《蒹葭》是怀人之作,承袭郑玄的说法,"伊人"为秦之贤者,抱道而隐,只不过,汪凤梧认为探寻之人是"伊人"的旧友,诗人知道"伊人"所在之地,但不确定确切的住所,于是怀旧友,想要寻访旧友,但却在溯洄溯游之中往复其间,好像几乎就要遇上了,但还是不得相见,诗人借《蒹葭》表达自己惆怅的心情。

现代,我们在读到这首诗时,不必再考虑它的说教意义,可以直接把它作为一篇爱情诗理解。中国古典文学专家余冠英在评析这首诗时说:"这篇似是情诗,男或女词。"也就是说,在余冠英先生眼中,《蒹葭》的抒情主人公是男是女都可以。

翻译家许渊冲就将这首诗翻译成"The Reed",伊人是"she",主题句是"Where's she I need?"。

The Reed

Green, green the reed,

Frost and dew gleam.

Where's she I need?

Beyond the stream.

Upstream I go;

The way's so long.

Downstream I go;

She's there among.

White, white the reed,

Dew not yet dried.

Where's she I need?

On the other side.

Upstream I go;

Hard is the way.

Downstream I go!

She's far apart.

Bright, bright the reed,

With frost dews blend.

Where's she I need?

At the river's end.

Upstream I go;

The way does wind.

Downstream I go;

She's far behind.

根据琼瑶小说改编的电视剧《窗外》，琼瑶作词的主题曲《在水一方》就是根据《蒹葭》改写的，同时，也是《蒹葭》较好的白话译文：

绿草苍苍，白雾茫茫，有位佳人，在水一方。绿草萋萋，白雾迷离，有位佳人，靠水而居。我愿逆流而上，依偎在她身旁。无奈前有险滩，道路又远又长。我愿顺流而下，找寻她的方向。却见依稀仿佛，她在水的中央。我愿逆流而上，与她轻言细语。无奈前有险滩，道路曲折无已。我愿顺流而下，找寻她的踪迹。却见仿佛依稀，她在水中伫立。绿草苍苍，白雾茫茫，有位佳人，在水一方。

《蒹葭》这首诗意境含蓄，字面上看，这首诗描述了这样一个场景：深秋的早晨，芦苇苍苍，河水渺渺，露水盈盈，一个人在河边追寻着另一个人的身影，他们之间一水之隔，顺流而下、逆流而上去追寻，却始终是若即若离，可望而不可即。三章重章叠句，随着时间的推移，诗中表达的感情不断增强。

当代学者陈子展认为《蒹葭》诗歌意境有象征主义的神秘意味，厦门大学中文系教授林兴宅认为《蒹葭》所表现的企恋是人类追求真善美最高境界的象征。这首诗中的"伊人"也许是一种象征，象征着可望而不可即的美好。当代作家韩少华曾经用"伊人"来比拟自己所企慕的文学中"美质与佳境"的可望而不可即。

所以，《蒹葭》诗中的"在水一方"也并不仅仅是一水之隔那么简单，他们之间的"秋水"是隔绝不通的，是无法逾越的。钱锺书先生在《管锥编》里所创设的"可望而不可即，心向往之，却身不能至"的"企慕情境"，寓慕悦之情，示向往之志。

有一句让人感触很深的话也许可以代表"所谓伊人，在水一方"的意境所在：

> 所爱隔山海，山海不可平；
>
> 所念皆星河，星河不可及。

郭沫若先生曾用一首小诗描述他对《蒹葭》的理解：

> 我昨晚一夜没有睡觉，
>
> 清晨往河边上去散步。
>
> 水边的芦草依然还是青青地，
>
> 草上的白露已经凝成秋霜了。
>
> 我的爱人明明是站在河的那边，
>
> 我想从上渡头去赶他，

路难走又太远了。

我想从下渡头去赶他,

他又好像站在河水的当中一样。

啊,我所追逐的只是一个幻影呀!

文学小贴士:

　　《诗经》分风、雅、颂三部分,"风",又称国风,诗一百六十篇,包括《周南》《召南》《邶风》《鄘风》《卫风》《王风》《郑风》《齐风》《魏风》《唐风》《秦风》《陈风》《桧风》《曹风》《豳风》,共十五国风,即十五个地方的民间歌谣,保存了大量劳动人民的口头创作,具有浓厚的民歌特色。

5.《采薇》：厌战思归的咏叹

《采薇》出自《诗经·小雅》，本诗的末章"昔我往矣，杨柳依依。今我来思，雨雪霏霏。行道迟迟，载渴载饥。我心伤悲，莫知我哀"被誉为《诗经》中最动人的千古名句之一。

不一样的文学课将带你解读不一样的《采薇》——

采薇采薇，薇亦作止。曰归曰归，岁亦莫止。

靡室靡家，玁狁之故。不遑启居，玁狁之故。

采薇采薇，薇亦柔止。曰归曰归，心亦忧止。

忧心烈烈，载饥载渴。我戍未定，靡使归聘。

采薇采薇，薇亦刚止。曰归曰归，岁亦阳止。

王事靡盬，不遑启处。忧心孔疚，我行不来！

彼尔维何？维常之华。彼路斯何？君子之车。

戎车既驾，四牡业业。岂敢定居？一月三捷。

驾彼四牡，四牡骙骙。君子所依，小人所腓。

四牡翼翼，象弭鱼服。岂不日戒？玁狁孔棘！

昔我往矣，杨柳依依。今我来思，雨雪霏霏。

行道迟迟，载渴载饥。我心伤悲，莫知我哀！

全诗因重章叠句而显得较长，其实前三章所表达的内容是一样的，即厌战思归，只是在重章叠句中显示出主人公的心情愈加沉重，感情愈加强烈。从薇菜的生长变化"薇亦作止""薇亦柔止""薇亦刚止"中，我们看到了时光的流逝，当然这在"岁亦莫止""岁亦阳止"中也能看出。随着时光的流逝，我们明显感受到主人公在"曰归曰归"的念想中"心亦忧止""忧心烈烈""忧心孔疚"，忧心的程度越来越强。主人公忧心之处在于一种担心——"我行不来"，担心自己再也回不了家。面对战争的残酷，面对无休止的征战，主人公的这种担心不无道理。第四、第五章描述战争的场面及主帅的车马及衣饰，最后一章描写归途之中的伤悲。

分析至此，我们发现，这首诗其实是倒叙加插叙进行的，这是主人公在凯旋生还之后的归途之中所赋之诗，归途之中，回忆征战岁月，有痛定思痛之感。

与《国风》中讽刺的诗篇不同，《小雅》部分的诗篇多是诸侯为了表达自己的政治见解而献的诗，这首《采薇》就是比较典型的一篇。诗中透露出厌战情绪，但又仅仅是微讽而已，比如主人公在恨恨地说着"玁狁之故"，把矛头指向敌方玁狁的时候，却也低声埋怨了一句"王事靡盬，不遑启处"。诗中有意对主帅奢靡生活进行揭露，然而也只是点到为止，比如诗中对"君子"也就是主帅的车马之盛（"四牡业业""四牡骙骙""四牡翼翼"）、装备之奢（"象弭鱼服"）的描写，可谓是特写镜头，对比士卒的生活——采薇充饥，我们可以感受到作者的讽刺之意，但也仅限于此，作者没有直笔再写，而是急转笔锋，转而去写战争的艰辛（"玁狁孔棘"）。

我们在文初交代，《采薇》末章被誉为《诗经》中最动人的千古名句之一。那么，我们回过头来再看看末章的句子，何以能称此评价。

昔我往矣，杨柳依依。今我来思，雨雪霏霏。

行道迟迟，载渴载饥。我心伤悲，莫知我哀！

细味末章，我们发现，作者在今昔对比之中，以乐景写哀情，以哀景写乐情，倍增其哀乐之情。主人公追忆自己当初离家的情景时（哀情），用依依的杨柳来表达自己对家人的不舍、家人对自己的牵念；而凯旋生还的他在归途之中（乐情），却用了霏霏雨雪表达自己内心的不安与伤痛。他走在回家的路上，"行道迟迟，载渴载饥"，这只是外在的表现，其实内心的伤悲是无人能够理解的，自己一走多年，家中有何变故他都不敢想象，此时更有一种近乡情怯之感。

总之，《采薇》用归途之中的老兵这一形象，表达出厌战思归的情绪，思归只是一个情绪宣泄的幌子，厌战才是作者想要表达的内容。

这首诗还有"番外"的引申含义。《史记·伯夷列传》记载："武王已平殷乱，天下宗周，而伯夷、叔齐耻之，义不食周粟，陷于首阳山，采薇而食之。"

《史记》中说的是伯夷、叔齐隐居山野，义不侍周的故事，采薇因此被借指隐居生活，"首阳采薇"也用来指坚守节操的气概。

鲁迅先生在他的《故事新编》中重新演绎了《史记》中所记载的《采薇》这个故事，大意是：伯夷和叔齐是商代小国孤竹国的公子，他们在周武王建立周朝后决定不吃周朝的粮食，采薇而食。后来有人说，普天之下莫非王土，首阳山也是周王的。首阳山的薇菜也是周王的，于是伯夷叔齐连薇菜也不能再吃，最终饿死在首阳山上。

这篇鲁迅先生创作于1935年12月的《采薇》，是在特定历史环境下的诠释，当时国内饥荒，很多有气节的文人坚持不吃美帝国主义的救济粮，宁愿饿死。鲁迅在这个时节创作《采薇》，不再是赞颂他们义不食周粟的气节，而是一种讽刺，讽刺他们不知变通。按照鲁迅先生的逻辑，谁给的粮食都能吃，吃了才能活着，才有力气继续斗争，这是一种变通，不是变节。

从最早采薇而食的士兵，到采薇而食的伯夷叔齐，"采薇"的含义已随着时代和环境的变化而完全不同。

无论是厌战思归的士兵,还是坚守节操的伯夷叔齐,采薇只是一种表现形式,我们更应该关注的是采薇背后的文化和精神。

文学小贴士:

　　"雅"是《诗经》的组成部分之一,包括《小雅》74篇,《大雅》31篇,共105篇,合称"二雅"。"雅"是"诗六义"之一。"雅"即正,指朝廷正乐,西周王畿的乐调。

6. 丧家之狗：孔子

你认识孔子吗？

那还用说，孔夫子，儒家的创始人，世界十大思想家之首、世界十大文化名人之首，被称为万世师表的孔丘是也。

每当想起孔子，我总是想亲切地称呼一声：夫子，老师。吴甘霖就有一本书，名为《亲爱的孔子老师》，单看书名，就让人觉得无比亲切。

当然，提及孔子，不得不提的还有《论语》。如果有人问你，《论语》是谁写的？或者《论语》的作者是谁？你一定要回答："不知道。"因为《论语》是记录孔子及其弟子，乃至再传弟子言论的一本书，属于语录体。通俗来讲，《论语》其实就是一本课堂笔记合辑。

我们所熟知的很多句子都出自《论语》，比如"岁寒，然后知松柏之后凋也"，比如"三人行，必有我师焉"，比如"学而不思则罔，思而不学则殆"，比如"人无远虑，必有近忧"等等。至今，人们还记得2008年北京奥运会开幕式上那句"有朋自远方来，不亦乐乎"的温暖与真诚。《论语》共20篇，492章，内容丰富。不得不感慨，这本笔记的记录者十分用心，不仅记录了老师在课堂上的言行举止，还记录了老师生活中的点滴。

是的，孔子还有诸多头衔：文学家、思想家、教育家。可是，你知道吗？孔子还有一个称谓让你意想不到，那就是"丧家之狗"！不一样的文学课，带你去认识不一样的孔子——

O,MGD,用"丧家之狗"形容我们伟大的圣贤，你确定没有说错？

Yes，毫无疑问，你没听错。

用"丧家之狗"形容孔子是司马迁的《史记·孔子世家》中记载的，据司马迁说，这个称呼是经过孔子他老人家首肯的。《史记·孔子世家》原文是这样说的：

> 孔子适郑，与弟子相失，孔子独立郭东门。郑人或谓子贡曰："东门有人，其颡似尧，其项类皋陶，其肩类子产，然自要以下不及禹三寸，累累若丧家之狗。"子贡以实告孔子。孔子欣然笑曰："形状，末也；而谓似丧家之狗，然哉！然哉！"

这段话大致讲了一次这样的经历，孔子在和弟子周游列国时，走到郑国，与弟子走失，一个人彷徨在郑国东门。弟子沿途寻找自己的老师，一个郑国人告诉子贡："我看到东门有个人，他前额像尧，脖子像皋陶，肩部像子产，不过自腰以下和禹相差三寸。看他的样子就像一条丧家之狗。"子贡跑到东门一看，果然是自己的老师。于是子贡就把郑人的原话讲给老师听，孔子听了之后说："那些外貌的描述都是细枝末节，说我像丧家之狗，确实如此，确实如此（严重同意呀）。"

如果古代也有朋友圈，如果孔子也发朋友圈，那么，我们且去还原当时的场景，看看孔子当日的朋友圈——

丧家之狗,后来词语简化为丧家犬,就是指无家可归的流浪狗。

"丧家之狗"可以说是非常形象地展现了当时孔子颠沛流离的疲倦。对于孔子而言,不只是这一个时刻他像丧家之狗,在他的精神世界中,他一直都是丧家之狗。

李零先生在他的《丧家狗:我读〈论语〉》一书中指出,"任何怀抱理想,在现实世界找不到精神家园的人,都是丧家狗",一语中的。

那么,小伙伴们,你现在认可孔子"丧家之狗"这一称谓了吗?

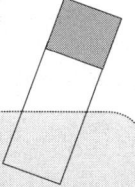

文学小贴士:

《论语》是记录孔子及其弟子言行的一部语录体著作,全书20篇,492章,集中反映了孔子的思想,是儒家学派最重要的典籍,南宋朱熹把《论语》《大学》《中庸》《孟子》合称"四书"。

7. 一场辩论赛：项羽乌江

项羽，力拔山兮气盖世，曾自封为西楚霸王，然而最终兵败乌江，对此众说纷纭。不一样的文学课带你旁观一场由此而引发的辩论赛——

楚汉之争以项羽乌江自刎告终。项羽，曾经的西楚霸王，就这样草草收场，告别历史舞台，当然他是心有不甘的。

我们试想，乌江自刎时项羽一定有很多话想讲，如果古代也有朋友圈，那么我们一起去看看项羽当日会发怎样的朋友圈。

点赞的亲们是什么心态并不重要，重要的是项羽此时的心态。话说人之将

死,其言也善,将死的项羽想要告诉世人什么呢?从他的朋友圈里我们可以看出,他想表达两点:

第一,自己时运不济;

第二,老天抛弃了我。

项羽的这种心态,我们可以从他的《垓下歌》里得到印证:

> 力拔山兮气盖世,
>
> 时不利兮骓不逝。
>
> 骓不逝兮可奈何!
>
> 虞兮虞兮奈若何!

在这首《垓下歌》里,流露出项羽英雄末路的悲哀和面对失败的无可奈何,但同时,我们也可以读出,项羽面对自己的失败并未觉醒,他把自己的失败归结于"时不利"。

在《史记·项羽本纪》中记载,项羽人生的最后阶段,曾经三次说到"天(之)亡我":

> 吾起兵至今八岁矣,身七十余战,所当者破,所击者服,未尝败北,遂霸有天下。然今卒困于此,此天之亡我,非战之罪也。今日固决死,愿为诸君快战,必三胜之,为诸君溃围,斩将,刈旗,令诸君知天亡我,非战之罪也。
>
> ....

天之亡我，我何渡为！且籍与江东子弟八千人渡江而西，今无一人还，纵江东父兄怜而王我，我何面目见之？纵彼不言，籍独不愧于心乎？

重要的事情说三遍，原来项羽早就懂了呀！这三次重申，明明白白就是：不管你信不信，反正我是信了。

项羽在乌江，谢绝了乌江亭长的好意，不渡的原因，他也说得很清楚：其一，八千江东子弟只有我一人生还，无颜见江东父老；其二，既然老天要让我灭亡，我还渡什么呢（"天之亡我，我何渡为"）？

至于渡与不渡的问题，自项羽说出这句"我何渡为"之后就引发了一场跨世纪的大辩论——乌江有船，项羽渡还是不渡？

辩论赛（第一阶段）

为帝为王尽偶然，
有何羞见渡江船？
停分天下犹嫌少，
可要行人赠纸钱？

生当作人杰，
死亦为鬼雄。
至今思项羽，
不肯过江东。

正方：李山甫　　　　　　　　　　反方：李清照

正方是唐代李山甫：为帝为王尽偶然，有何羞见渡江船？停分天下犹嫌少，可要行人赠纸钱？

山甫兄认为：成王败寇，胜败都是偶然，为嘛不渡？！留得青山在，才是硬道理。渡，一定要渡！（悄悄说一句，如果是刘邦，他一定会渡。）

反方是宋代的李清照：生当作人杰，死亦为鬼雄。至今思项羽，不肯过江东。

清照姐姐慷慨陈词，生为人中豪杰，死为鬼中豪雄，凡事无小节，骨气，气节，正方小伙伴你懂不懂？！大丈夫当如此！坚决不能渡！

对于李山甫的发言中提到的"偶然"一词，观众席上的两位站起来表达了自己的观点：

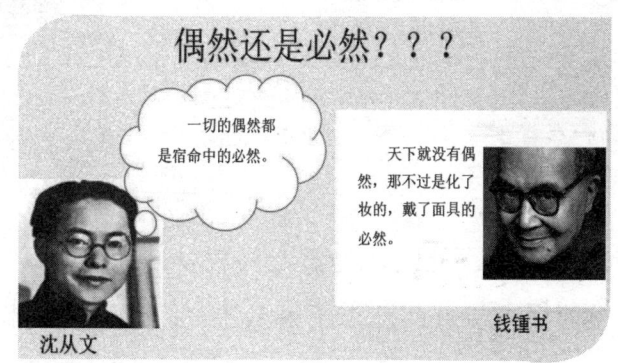

沈从文先生说："一切的偶然都是宿命中的必然。"钱锺书先生说："天下就没有偶然，那不过是化了妆的，戴了面具的必然。"

面对激烈的争辩，评委胡曾说话了：争帝图王势已倾，八千兵散楚歌声。乌江不是无船渡，耻向东吴再起兵。

评委：唐·胡曾

评委胡曾认为：楚汉之争大局已定，虽然

乌江有船，但项羽有羞耻之心，无颜见江东父老，故而不渡。不是不能渡，是不愿渡。

随即，辩论赛进入第二阶段，引申辩题：若是渡了，会如何？

辩论赛（第二阶段）

引申辩题：若是渡了，会如何？

胜败兵家事不期，包羞忍耻是男儿。江东子弟多才俊，卷土重来未可知。

正方：唐·杜牧

百战疲劳壮士哀，中原一败势难回。江东子弟今虽在，肯与君王卷土来？

反方：宋·王安石

在这一阶段，杜牧作为正方代表发言：胜败兵家事不期，包羞忍耻是男儿。江东子弟多才俊，卷土重来未可知。

杜牧认为，胜败乃兵家常事，能屈能伸才是大丈夫，保存实力，回到江东，说不定可以卷土重来东山再起！

反方代表王安石陈述：百战疲劳壮士哀，中原一败势难回。江东子弟今虽在，肯与君王卷土来？

王安石认为，当时的局势已经不是秦末的局势，经过多年战乱，人心思定，即便项羽回到江东，谁还再肯和他一起南征北战呢？

评委司马迁总结发言：自矜功伐，奋其私智而不师古，谓霸王之业，欲以力征经营天下，五年卒亡其国，身死东城，尚不觉寤而不自责，过矣。乃引"天亡我，非用兵之罪也"，岂不谬哉!

自矜功伐，奋其私智而不师古，谓霸王之业，欲以力征经营天下，五年卒亡其国，身死东城，尚不觉寤而不自责，过矣。乃引"天亡我，非用兵之罪也"，岂不谬哉!

评委：司马迁

司马迁认为，项羽最大的错误是不知道自己错哪了，至死不觉悟，不从自身找原因，不反躬自省，只去怨天尤人，就这态度，即便他渡了，给他一个再来一次的机会，依然摆脱不了悲剧的命运，历史还会重演。

司马迁对项羽这个悲剧英雄可以说是"笔下含情，时露惋惜"，项羽并未成就帝王之业，只居于"西楚霸王"之位，也就相当于诸侯，应该在《史记》中归入《世家》，而司马迁却将项羽写入《本纪》，从这一点便可知司马迁对项羽的偏爱。

话说，人谁无过，过而能改，善莫大焉！那么，项羽乌江自刎之前到底有没有反思自身的错误呢？

我们再来看看项羽执念于心的"天（之）亡我"（一连说了三遍），对于这三遍，钱锺书先生说："认输而不服气，故言之不足，再三言之。"

从项羽的《垓下歌》以及乌江遗言，作为看官，我们应该得到的启示是：凡事多反思，反躬自省，灵魂三问：

我错了吗?

我错哪了?

我为什么错了?

这是项羽用他的千里江山和生命换来的教训。

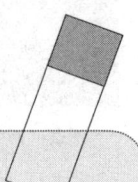

文学小贴士：

　　《史记》，二十四史之一，最初称为《太史公书》或《太史公记》《太史记》，是西汉史学家司马迁撰写的纪传体史书，是中国第一部纪传体通史，记载了上自传说中的黄帝时代，下至汉武帝太初四年间共三千多年的历史。全书130篇，其中本纪12篇，表10篇，书8篇，世家30篇，列传70篇。

　　本纪：记述帝王的言行政绩；

　　表：统计年代、世系、人物等的大事记；

　　书：记载典章制度；

　　世家：记载诸侯和特殊人物；

　　列传：记载重要人物。

　　鲁迅先生评价《史记》："史家之绝唱，无韵之离骚。"

8. 乱世情思:《行行重行行》

在动荡的年月里,文士们的吟诵中有乱世中的相思,有离别中的哀愁;有时不我待的哀伤,也有无可奈何的感叹。

不一样的文学课带你去品读《古诗十九首》中一份乱世情思——

《古诗十九首》这组诗的时代背景是东汉末年。

东汉末年是个怎样的时期,林俊杰在《曹操》里唱道:

东汉末年分三国

烽火连天不休

儿女情长 被乱世左右

谁来煮酒

尔虞我诈是三国

说不清对与错

纷纷扰扰 千百年以后

一切又从头

不是英雄 不读三国

若是英雄 怎么能不懂寂寞

东汉末年，是为乱世。这乱世，从一组数据中可见端倪：据估算，东汉中期的人口为 6500 万左右，三国初年的人口为 2300 万左右。——在短短数十年的时间里，当时的中国损失了近 60%、多达 4200 万的人口（人口数据参考葛剑雄的《中国人口史》）。军阀割据，瘟疫横行，饥荒连年，生民流离，让人不禁感叹：宁为太平犬，莫为乱离人。

乱世中，生离可能意味着死别，生离死别中，文人将爱情、亲情、友情当成短暂人生中最值得珍惜的东西。古人先成家后立业，娶妻生子之后开始追求功业，妻子在家侍奉父母双亲，男子外出无后顾之忧。然而就是这样的生活模式，在中国文学史上造就了无数的游子思妇。所谓"游子""思妇"，在一个人离开家乡的那一刻就产生了，离开家乡的人是游子，从此无尽地思念家乡的亲人和朋友；留在家里的即思妇，从此无休止地想念漂泊在外的游子。

《古诗十九首》里关于游子思妇的诗有一半之多，我们就通过解读《行行重行行》来品味这份乱离之中的离别相思。

行行重行行，与君生别离。

相去万余里，各在天一涯。

道路阻且长，会面安可知。

胡马依北风，越鸟巢南枝。

相去日已远，衣带日已缓。

浮云蔽白日，游子不顾返。

思君令人老，岁月忽已晚。

弃捐勿复道，努力加餐饭。

《行行重行行》是《古诗十九首》的第一首。这首诗用浅显平易又不失文采的语言，用一个思妇的口吻叙述了乱离岁月之中一份深深的思念。

开篇五个字，四个是重复的，还有一个是重复的"重"字。"行行"意思是走啊走，"重行行"，再走啊走。透过首句的走啊走走啊走，我们似乎看到一个游子拖着疲惫的身躯，迈着沉重的步履向前不断前行。当然，我们是从思妇的视角看到的这个画面，这也是留存于思妇想象之中的画面，在她的想象中，游子离开家乡之后，不停地行走着，向着她所未知的远方。

"与君生别离"，在这一低低的叹息中，我们看到了抒情主人公——思妇。在她看来，游子离乡，二人生别离，犹如永别离。游子越走越远，两人之间相隔万里之遥。在思妇的意识中，游子已经走到了天涯之远，而相对于游子而言，思妇和家乡也在远方的天涯，故而"各在天一涯"。

天涯相隔，山高水长，其间自然道路险阻又漫长，可想而知，会面的日子遥不可及，谁知何时呢？

"胡马"（从北方来到南方的马）"越鸟"（从南方飞到北方的鸟），这两种意象的选择用心良苦，一飞禽一走兽，一南一北；北方来的马总会在北风中嘶鸣，南方来的鸟总会在朝南的枝头上筑巢，这是眷恋乡土的本性。在思妇的眼中，飞禽走兽，世间万物，皆有眷恋乡土的本性；而思妇心中有一个疑问：飞禽走兽尚且有眷恋乡土的本性，何况是人呢？何况是有情有义的君子你呢？

别离的日子已太遥远，时间的久，空间的远，游子离家越久，离家也就越远，思妇也在无尽的思念中消瘦和憔悴了。衣带渐宽，是人在消瘦。饱受别离之苦的思妇，在极度的思念之中，对杳无音讯的游子开始产生了怀疑和猜测：为什么游子还不回家？是什么阻挡了游子回家的脚步？难道游子在外为他乡的女子所迷惑而不愿意回家了吗？

"浮云蔽白日，游子不顾返"，"浮云"喻指他乡美丽的女子，"白日"喻指君子。游子一走多年，思妇在思念中猜疑，她宁愿他在外面有了牵绊也不愿猜想他已客死他乡。因为她爱他，因为她还有希望还有期待。虽然思念让她憔悴不已有似衰老，她依然愿意等待。

"弃捐勿复道，努力加餐饭"这个结尾似乎有些突然，让人觉得始料未及，刚刚还陷入思念的深渊无法自拔的思妇忽然摇了摇头，自言自语道："别想了别猜了，即便是被抛弃了也不要再说了，还是好好吃饭吧！""努力加餐饭"，既是自我安慰，也是自我勉励，好好吃饭，保重身体，留得青春容光，以待来日相会。

在思妇的心中，也许有一个梦想：也许有一天他还会回来，我在这里等着他回来，等他一起看那桃花开……

文学小贴士：

《古诗十九首》是中国古代文人五言诗选辑，非一时一人所为，一般认为大都出于东汉末年。南朝梁萧统合为一组，收入《文选》，题为《古诗十九首》。内容多写夫妇朋友间的离愁别绪和士人的彷徨失意，有些作品表现出追求富贵和及时行乐的思想。语言朴素自然，描写生动真切，在五言诗的发展史上有重要地位。

9.《迢迢牵牛星》：也说牛郎织女

每逢七夕，人们总会感慨"金风玉露一相逢，便胜却人间无数"的牛郎织女相会，不一样的文学课将带你解读一首与牛郎织女相关的诗歌《迢迢牵牛星》——

迢迢牵牛星，皎皎河汉女。

纤纤擢素手，札札弄机杼。

终日不成章，泣涕零如雨。

河汉清且浅，相去复几许。

盈盈一水间，脉脉不得语。

《迢迢牵牛星》是《古诗十九首》的第十首，写的是牛郎织女的传说故事，也许是借此表达现实中分离不得相见的感情，也许只是为牛郎织女的故事感动。

诗中牛郎的"迢迢"之远，织女的"皎皎"之美，都让人过目不忘。织女虽在织布，却终日织不成布，因为她在因思念而伤心落泪。两人相隔只是清浅的银河，并不遥远，但，却只能脉脉相视而不能执手相对。

牛郎织女的故事有着有趣的演变过程，其故事雏形源于《诗经·大东》，不过在这篇诗歌中，"牵牛""织女"只是两个星座的名字，还没有恋爱，还没有故事。

> 维天有汉，监亦有光。
>
> 跂彼织女，终日七襄。
>
> 虽则七襄，不成报章。
>
> 睆彼牵牛，不以服箱。
>
> 东有启明，西有长庚。
>
> 有捄天毕，载施之行。
>
> 　　　　节选自《诗经·大东》

在《古诗十九首》的《迢迢牵牛星》这首诗歌中，"牵牛""织女"已经成为一对恋人，隔着一水，脉脉含情，不过从诗歌中还看不出他们的夫妻关系，好像还没有结婚。

直到南北朝时期梁代的萧统编纂的《文选》，在《洛神赋》的注释中说："牵牛为夫、织女为妇，织女牵牛之星各处河鼓之旁，七月七日乃得一会。"这时，"牛郎织女"的故事和七夕相会的情节才算基本完成。

经过从先秦到南北朝的演变，天上的两个星宿，终于发展成夫妻。

但此时，这个故事还不是个悲剧，似乎他们一年相会一次也和现实中很多异地的夫妻一样，不能朝夕相守。古代的夫妻更是如此，游子在外，经年不回，可能一年也不得相见一次呢！徐凝在《七夕》一诗中就曾感慨："别离还有经年客，怅望不如河鼓星。"

因为他们相会的日子在七月七日乞巧节这天，于是，牛郎织女的故事就继续丰富发展。

人们发现，在牵牛星的旁边，有两个亮度小一点的星，人们就把这两颗小星星想象成了牛郎织女的两个孩子，于是，牛郎织女就有了一儿一女。

至于故事中的牛郎织女一年才得见面一次，还没有一个"官方"的解释，于是，这个故事又有了新的内容。

南朝梁《殷芸小说》（明冯应京《月令广义·七月令》引）记载：

> 天河之东有织女，天帝之子也。年年机杼劳役，织成云锦天衣，容貌不暇整。帝怜其独处，许嫁河西牵牛郎。嫁后遂废织纴，天帝怒，责令归河东，但使一年一度相会。

南北朝时期任昉的《述异记》里这样记载：

> 大河之东，有美女丽人，乃天帝之子，机杼女工，年年劳役，织成云雾绢缣之衣，辛苦殊无欢悦，容貌不暇整理，天帝怜其独处，嫁与河西牵牛为妻，自此即废织纴之功，贪欢不归。帝怒，责归河东，一年一度相会。

到这里，牛郎织女的神话传说已经完备了。而且，两人不得相守的原因是嫁后"废织纴"，结婚之后耽误了生产劳动，这也对年轻夫妻有了劝诫的含义，劝诫年轻夫妻不要因为婚姻而影响了生产劳动。除此之外，还有两种传说。

第一种传说是：织女是天帝的第七个（有的说是第九个）孙女，在天河东面织云锦天衣，牛郎在天河西边放牛，两人都很勤勉。天帝爱怜他们，让他们结婚。婚后两人贪图享乐，荒废劳动。天帝发怒，使他们分开，中间隔天河，命乌鸦去告诉他们，七天见一次面，乌鸦却传错了话，说成每年七月七日见一次面。

第二种传说是：织女是王母娘娘的外孙女，在天上织云彩。牛郎是人间的一个放牛郎，受兄嫂虐待。有一天，牛告诉他，织女要和别的仙女到银河去洗澡，叫牛郎取一件仙衣，织女找衣服的时候再还给她，并要求和她结婚，她一定会答应。牛郎就照做了。织女和牛郎结婚后，生了一男一女，王母娘娘知道了，便把织女捉回去。牛又告诉牛郎，他可把它的皮披在身上，追到天上去。等牛郎挑了两个小孩，追到天上去时，王母娘娘拔下头上的发簪，在织女后面一划，形成一道天河，把这一对恩爱夫妻隔开了。他们天天隔河相望涕泣，王母娘娘被感动了，于是允许他们每年七月七日相会一次。相会时，由喜鹊为他们架桥。

这两种传说，尤其是第二种传说，大大丰富、发展了原来的故事，情节也更加曲折，更加动人，内容更加丰富。这个故事从两个星宿之间的传说，转化成了人神之间的恋爱故事。至于其他种种传说,大多数是以此为蓝本而加以延伸的。

牛郎织女相会之日在七夕乞巧节,每到七夕,打开手机、电脑都是关于爱情的祝愿。仁者见仁,智者见智,七夕亦如是。七夕,在商家眼中可以作为卖点,在情侣眼中可以当成情人节,在文艺青年眼中可以看做乞巧节,在母亲和儿女眼中可以作为团圆节。

搜索记忆中关于七夕的诗词,这首《迢迢牵牛星》的"盈盈一水间,脉脉不得语",《七夕》的"一道鹊桥横渺渺,千声玉佩过玲玲",《鹊桥仙》的"两情若是久长时,又岂在朝朝暮暮"等等,都是关于牛郎织女爱情的咏叹。

换个角度而言,七夕,当大家都在关注牛郎织女的"金风玉露一相逢"时,却忽略了织女还是一个母亲,她还有一双儿女。我想对于一个母亲而言,分别之时,最割舍不下的应该是年幼的儿女。没有母亲的日子,年幼的儿女该如何度过?别后思念,最牵肠挂肚的应该是那一双儿女的温寒,最撕心裂肺的应该是银河那岸一双儿女的呼喊。七夕,如果真是相见的日子,那也应该是全家团圆的节日,不只是两个大人的执手泪眼。

再换个角度,从孩子的视角去看待七夕传说,牛郎织女的传说流传至今,怎么就没有人关注这两个孩子呢?他们是两个人,数量大于牛郎,可是,写诗作词的人们,却完全忽略了他们的存在,连一句"遥怜小儿女,未解忆长安"

这样的诗句都没有。一定意义上可以看出，我们的儿童文学多么匮乏，我们的文学多么缺乏儿童的视角！

当然，很多神话传说在科学面前是无法立足的，从现在天文学的角度来看，牛郎和织女的一年一度相会是无法实现的。牛郎星和织女星相距16光年，打个电话单程就需要16年，也就是说，以光和电的速度奔跑，从牛郎星到织女星需要跑16年的时间。

我们还应该注意到一个问题，牛郎织女这个神话传说中，还有个很重要的角色——老牛。牛郎能够得到织女是牛出的主意（偷衣服），二人分离后，是牛皮让牛郎得以飞升追赶。可以说，没有牛的帮助，单靠牛郎自己，不可能有这样美好的故事。

这是一个值得玩味的问题，为什么在这个传说中加进"老牛"的角色，并让它在故事中发挥巨大的作用呢？

其实这个故事是农业社会男耕女织理想生活方式的反映。古代的中国属于农业社会，男耕女织的生活方式是农业社会中最为普遍，也是最为理想的生活方式。这是先民之初的社会分工，即男耕女织。这也是我国"重男轻女"悠久传统的原因所在。这则神话中，男主人公为牛郎，"牛郎"，其实包含一牛一男，他们都是当时的生产力。所以，这则故事中的主人公不会是一个牧羊人。

农业社会阶段，男人种田，女人织布，日出而作，日落而息，自给自足，分工劳作。汉代有谚语说："一夫不耕，或受之饥；一妇不织，或受之寒。"宋代范成大《四时田园杂兴》中也有这样的表述："昼出耘田夜绩麻，村庄儿女各当家。童孙未解供耕织，也傍桑阴学种瓜。"这里所说的田园之乐就是男耕女织的生活方式。

无独有偶，神话传说里还有《天仙配》，董永和七仙女的故事情节、人物角色和《牛郎织女》相似，黄梅戏《天仙配》《夫妻双双把家还》唱段里就有"你耕田来我织布"这样的唱词，描述的也是男耕女织的场景。

所以，神话传说《牛郎织女》所反映出来的文化意义就是小农经济时代人们对男耕女织、幸福安静的田园生活的向往。

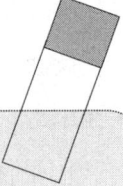

文学小贴士：

《迢迢牵牛星》选自《古诗十九首》第十首。此诗借神话传说中牛郎、织女隔河相望的悲剧，抒发离别相思之情，实际上是写人间夫妻咫尺天涯不得团聚的哀思，是极具代表性的相思怀远诗。

# 10. "纯属偶然"的《思旧赋》

《思旧赋》是文学史上一篇著名的小赋,是向秀写来纪念自己旧友嵇康和吕安的一篇祭文。不一样的文学课将带你一起解读《思旧赋》——

向秀,字子期,魏晋之际的哲学家、文学家,"竹林七贤"之一。曾经注过《庄子》,平时研读《庄子》,讲学乡里。向秀与嵇康、吕安交善,常常在嵇康打铁时一旁鼓风,也常常去吕安的菜园子帮忙浇菜。

向秀的这篇《思旧赋》追思往事,寄意深远。想要理解这篇小赋的含义,我们就需要了解一下这篇赋中悼念的两位人物嵇康和吕安以及他们获罪的缘由。

嵇康,字叔夜,是魏晋时期的思想家(《养生论》)、音乐家(《广陵散》)、文学家(《幽愤诗》),嵇康长相俊美,按现在的话来讲,绝对是帅哥一枚,可以从他人对嵇康的描述中得到印证。

刘义庆在《世说新语》中描述嵇康:"身长七尺八寸,风姿特秀。见者叹曰:'萧萧肃肃,爽朗清举。'或云:

'肃肃如松下风,高而徐引。'"山涛也这样形容嵇康:"嵇叔夜之为人也,岩岩若孤松之独立;其醉也,傀俄若玉山之将崩。"

嵇康拒不出仕的宣言《与山巨源绝交书》,招致了司马昭的忌恨。司马氏大权在握欲取曹魏而代之,很在乎这些名士的态度,因为这关系到一般士人的向背,而嵇康偏偏是名士中比较出众的一个。

吕安,嵇康好友,为人简傲,开旷脱俗。吕安与嵇康的关系非同一般,是至交好友。两人住处较远,一南一北,但吕安"每一相思,千里命驾",后来人们就用"相思命驾"来赞扬朋友之间的深情厚谊。吕安有个漂亮的妻子,被他的哥哥吕巽看中,并迷奸之。因为吕安和嵇康是至交,就私下跟嵇康哭诉此事,嵇康劝其隐忍,毕竟家丑不可外扬。然而没有想到的是,吕巽却恶人先告状,跑去官府告吕安不孝。司马氏以孝治天下,不孝就是大罪,吕安被下狱。嵇康为之鸣不平,被一并下狱,同罪论处。当时与嵇康有宿怨的钟会趁机进言,司马昭下令处死嵇康与吕安。

到这里,我们可以看出,嵇康和吕安获罪的原因似乎有些"莫须有",但这只是一个借口而已。可能最真实的原因还是嵇康的不合作吧!

其实嵇康的行为与同时代的阮籍相比,简直是小巫见大巫。我们讲一个阮籍的故事,阮籍居母丧期间参加司马氏宴会,席间吃肉喝酒,有人不满,觉得阮籍大不孝。可是司马昭却说,先生母亲去世了,心里难受得很,你看看,他人都瘦了,吃点肉喝点酒怎么了?你不能与先生同悲,在这里胡言乱语什么!

看到了吧!这就是双重标准,同样是孝的问题,阮籍可以全身,嵇康却被处死。可能这跟嵇康的身份也有一些关系,嵇康是曹操的曾孙女婿,属于曹魏的姻亲。对于司马氏而言,嵇康属于无法拉拢的一类,不能为其所用,只能除之而后快。

了解了这件事的背景,我们再来看向秀这篇悼念旧友的赋。《思旧赋》分为"序言"和"正文"两部分,但正文只有156字,序言却有104字。

序,一般是交代写作的原因、地点、人物、事件等信息,该文的序言如下:

> 余与嵇康、吕安居止接近,其人并有不羁之才。然嵇志远而疏,吕心旷而放,其后各以事见法。嵇博综技艺,于丝竹特妙,临当就命,顾视日影,索琴而弹之。余逝将西迈,经其旧庐。于时日薄虞渊,寒冰凄然,邻人有吹笛者,发音寥亮。追思曩昔游宴之好,感音而叹,故作赋云。

从这篇长长的序文里,我们可以看到几个信息:嵇康、吕安的简介,嵇康行刑时的场面,写这篇赋的原因。写这篇赋,是因为作者即将去洛阳,途经山阳旧宅,当时夕阳西下,寒冰凄然,恰好这时邻人吹笛,听闻笛音嘹亮,不由追思往昔，于是写下这篇赋。赋文如下：

　　将命适于远京兮，遂旋反而北徂。

　　济黄河以泛舟兮，经山阳之旧居。

　　瞻旷野之萧条兮，息余驾乎城隅。

　　践二子之遗迹兮，历穷巷之空庐。

　　叹黍离之愍周兮，悲麦秀于殷墟。

　　惟古昔以怀今兮，心徘徊以踌躇。

　　栋宇存而弗毁兮，形神逝其焉如。

　　昔李斯之受罪兮，叹黄犬而长吟。

　　悼嵇生之永辞兮，顾日影而弹琴。

　　托运遇于领会兮，寄余命于寸阴。

　　听鸣笛之慷慨兮，妙声绝而复寻。

　　停驾言其将迈兮，遂援翰而写心。

　　按照常规的思维逻辑，前面的序文里已经交代了很多内容，这正文里应该就是追忆好友情真意切的动情之语了。然而，这篇《思旧赋》却是不走寻常路，正文里写的内容似乎和序文有些重复，依然在说自己将去洛阳，经过山阳旧居，感慨物是人非，听到慷慨笛音，于是就写下了此刻的心情。

向秀翻来覆去似乎在强调一件事情，那就是写这篇文章纯属偶然为之，并非筹划已久。向秀在告诉读者，其实更确切地说是告诉司马氏：我在西去洛阳的途中，恰好经过山阳旧居，恰好又是日暮时分情境凄凉，恰好又有邻人吹笛，于是，此情此景，不由感发，一切的一切，都是纯属偶然。向秀在反复强调偶然因素，摆明了就是一种态度：写这篇《思旧赋》没有别的意思，就是纯属偶然。而且这再三强调偶然为之，也是在明确地说：不管你信不信，反正我是信了，这就是个偶然事件！

这篇看似偶然为之的小赋，却是纪念自己至交好友唯一的一篇文字，只言片语，含蓄委婉，字里行间，我们读到的只是纯属偶然。但，此中深情，无法与外人道。向秀不说，不是不愿说，是不能说。鲁迅先生曾说："青年时期读向子期《思旧赋》，很怪他为什么只有寥寥的几行，刚开头却又煞了尾，然而，现在我懂了。"

"纯属偶然"的《思旧赋》，含蓄至极，用简短的笔墨，匆匆写就了自己的怀旧之思，欲言又止，不管是哀怨还是激愤，都藏在了山阳邻笛的慷慨余音中。

文学小贴士：

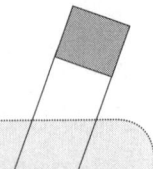

向秀(约227-272)，字子期，河内怀县(今河南武陟)人。魏晋时期文学家，竹林七贤之一，隐居不仕。景元四年（263年）嵇康、吕安被司马昭害死后，向秀受司马昭接见，后官至黄门侍郎、散骑常侍。向秀曾注《庄子》，被赞为"妙析奇致，大畅玄风"（《世说新语·文学》）。

嵇康（223-262），字叔夜，谯国铚县（今安徽省濉溪县）人，三国时期曹魏思想家、音乐家、文学家，竹林七贤之一。爱好老庄学说。早年与曹魏宗室联姻，拜官郎中，授中散大夫，世称"嵇中散"。司马氏掌权后，隐居不仕。嵇康与阮籍等人共同倡导玄学，主张"越名教而任自然""审贵贱而通物情"，是竹林七贤的精神领袖。

11. 田园中的陶渊明与李子柒

生活在城市的钢筋水泥中，很多现代人非常向往"山气日夕佳，飞鸟相与还"的田园生活，也很向往"采菊东篱下，悠然见南山"的恬淡随意。

说起诗意的田园生活，陶渊明是最有发言权的了，因为他是中国第一位田园诗人，古今隐逸诗人之宗。那么，不一样的文学课将带你去陶渊明的田园，一起去看看我们的精神家园——

我们对陶渊明的田园，印象是这样的：

> 土地平旷，屋舍俨然，有良田美池桑竹之属。阡陌交通，鸡犬相闻。其中往来种作，男女衣着，悉如外人。黄发垂髫，并怡然自乐。
>
> ——《桃花源记》

> 方宅十余亩，草屋八九间。榆柳荫后檐，桃李罗堂前。暧暧远人村，依依墟里烟。狗吠深巷中，鸡鸣桑树颠。户庭无尘杂，虚室有余闲。久在樊

笼里,复得返自然。

——《归园田居》其一

采菊东篱下,悠然见南山。
山气日夕佳,飞鸟相与还。

——《饮酒》其五

这样的文字,这样的田园,在陶渊明的诗歌中不胜枚举,俯仰皆是。读着陶渊明的诗,我们不禁对他的田园生活羡慕不已。

这里有采菊东篱下的闲适,
这里有欲辨已忘言的理趣,
这里有心远地自偏的恬淡,
这里有鸡鸣桑树颠的自然。

此时,我脑海中突然浮现一句话——

鸢飞戾天者,望峰息心;经纶世务者,窥谷忘反。(《与朱元思书》)

陶渊明的田园诗中描绘的图景,就有这种效果,用当下的话来讲就是很治愈。

陶渊明笔下的田园,是被陶渊明用诗的手段高度纯化、美化了的田园,是一座精神避难所。

在陶渊明的田园中——

我们看到的是恬淡自然的诗意人生,
我们看到的是普通平凡的自由生活,

我们看到的是安宁平淡的田园之乐。

陶渊明为我们开启了一片诗意田园，开启了另一方天地。

那么，我们现在从现代传播的角度分析，陶渊明的田园为什么会影响深远呢？

多深，深入我们内心；

多远，远超岁月千年！

我们可以尝试以"5W传播理论"为基础，从传播内容、受众的接受、传播效果这几个角度分析陶渊明的田园诗。

首先，为什么是陶渊明的田园呢？从传播内容分析，中国是农业文明国家，是农业社会，农耕文明是中华民族的生活方式。相比于仰望星空面朝大海，中国人更愿意面朝黄土脚踏实地。这种骨子里对土地的热爱，让人们对田园生活的作品有一种天然的熟悉和亲切。所以，陶渊明的田园之所以传播久远，与我们国家几千年的农耕文明息息相关。

其次，从受众角度看诗意田园，这是中国文人的精神家园。千百年来陶渊明的受众是读书人，尤其是古代的读书人，"朝登天子堂，暮为田舍郎"是很多文人理想的耕读生活，得志的文人身在庙堂也会心羡田园；"达则兼济天下，穷则独善其身"对于大多数无法实现政治理想的文人来说，归隐田园成为不二的选择，田园就成为无数文人心中的一片精神家园。所以，陶渊明笔下的田园，给了很多得意或失意的文人几多慰藉和共鸣。

再者，从传播效果分析，回归自然是一份传统文化的自我认同。人们回归田园的渴望，是现代社会中自我认同的重新构建，是传统文化在现代文明中的重新定位。城市承载着我们的梦想，乡村安放着我们的灵魂。在城市化的进程中，我们与自然渐行渐远，众生喧嚣中我们的内心更渴望那份简单的安宁，于是就会有回归自然的文化认同。陶渊明就巧妙地抓住了文化认同这个"梗"（当然，陶渊明可能自己也不知道这事）。

相比之下，李子柒就更明白这一点。

李子柒的田园是这样的：作为一个内容创作者、视频博主，她所有的视频都是以中国传统美食文化为主线，围绕中国农家的衣食住行展开，基本就是现代版的陶渊明，是活在网络时代的陶渊明。也可以说，李子柒是把陶渊明笔下的生活实现在了网络视频中。

李子柒 YouTube 上的每个视频播放量都在 500 万以上。有人认为，李子柒在外网的影响力比 BBC、孔子学院更大。许多国外网友表示：因为李子柒，爱上了中国文化。

国内主流媒体也纷纷为李子柒打 call——

> **人民日报 PEOPLE'S DAILY**　李子柒的视频不着一个英文字，却圈了无数国外粉。春耕夏耘秋收冬藏，一箪食一瓢饮，到底是真实生活或精心演绎其实不重要，重要的是它所表达的中式生活之美，在赏心悦目之际让人愿意接近。无声胜有声，李子柒的样本意义，绝不应被忽视。无论怎样的文化，想要让别人理解，必先打动人。

> **人民网 people.cn**　李子柒向世界打开美丽中国的一扇窗口，是对外文化传播中值得研究的样本。传统与现代交融、乡村与城市辉映的精彩中国自带"圈粉体质"。相信随着信息技术的发展，未来会有更多人用海外ви乐于接受、易于理解的方式，从不同角度、不同侧面呈现丰富多样、立体多元的中国。

央视新闻：李子柒的视频，没有一个字夸中国好，但她讲好了中国文化，讲好了中国故事。她只是默默地在那里干着农活，偶尔地跟奶奶说几句四川方言，但全世界各地的人，却开始了解"有趣好看"的中国传统文化，并纷纷夸赞中国人的勤奋、聪慧，进而开始喜欢中国人，喜欢这个国家。不得不说，李子柒是个奇迹，一颗平常心做出了国际文化传播的奇迹。

白岩松：李子柒在面向世界的传播中，没什么口号，却有让人印象深刻的口味，更赢得了口碑。有人说，"摆拍"、"假"，但除了纪录片，电影中的"假"也不妨碍触动人心。过高评价或过低质疑都不一定对，微笑着鼓掌是最好的。如果来自民间并走向世界的网红由一个变成上千个，那中国故事就有得讲了。

从陶渊明到李子柒，用不同的方式讲出了自己的故事；我们是新媒体时代的传媒人，我们应该思考：

如何让中国文化有温度、有热度地表达？

如何用新媒体手段讲好中国故事？

同时，也愿我们每个人，从今天起，像陶渊明和李子柒一样热爱生活，传播中国文化，讲好中国故事，活出自己的悠然与恬淡，活出中国人的精彩和自信！

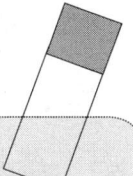

文学小贴士：

陶渊明（365—427），一名潜，字元亮，谥号靖节先生。浔阳柴桑（今江西九江）人。我国古代杰出的文学家。他是中国第一位田园诗人，被称为"古今隐逸诗人之宗"，有《陶渊明集》。

12. 没有酒的《饮酒》诗

前面我们讲过，陶渊明为我们留下了一个诗意的田园，不一样的文学课带你解读陶渊明的《饮酒》诗——

陶渊明是中国文学史上第一个大量写饮酒诗的诗人。他有《饮酒》组诗，二十首，其中最为脍炙人口的就是第五首：

> 结庐在人境，而无车马喧。
>
> 问君何能尔？心远地自偏。
>
> 采菊东篱下，悠然见南山。
>
> 山气日夕佳，飞鸟相与还。
>
> 此中有真意，欲辨已忘言。

这首诗表达了"心远地自偏"的哲理，也使我们感受到"采菊东篱下，悠然见南山"的悠然自得。

当然关于这首诗里"见南山"还是"望南山"的问题，苏轼在《东坡志林》（卷七）中谈及：

> 陶潜诗"采菊东篱下,悠然见南山。"采菊之次,偶然见山,初不用意,而境与意会,故可喜也。今皆作"望南山"。杜子美云:"白鸥没浩荡,万里谁能驯。"盖灭没于烟波间耳。而宋敏求谓予云:"鸥不解'没',改作'波'字。"二诗改此两字,便觉一篇神气索然也。

这段话里,苏轼说"见南山",采菊之余偶然间抬头见山,是无意见山而遇山;如果用"望南山",那就是刻意地、有意识地去看,就缺少了悠然自得的韵味,整首诗也因此而变得索然无味了。

这个"见""望"已成定论,我们不再探讨,现在就这首诗有一个问题:全诗没有一个"酒"字,这首诗是不是跑题?

是啊,诗名为《饮酒》,但通篇却没有一个"酒"字,甚至连举杯饮之类的字眼也没有,那这算不算文不对题?算不算跑题?

如果这首诗是你写的,老师会不会建议你诗名与文字相关联?反正如果是我的学生写这样一篇小诗给我,我肯定会问,为什么诗名叫《饮酒》?

带着这个疑问,我们一起去探索这首没有酒字的《饮酒》诗。

前面我们说过,这首诗不是一首单独的诗,它是一组诗中的一首,二十分之一。反观这组诗的前前后后,发现基本都是围绕饮酒而写,比如第一首:

饮酒（其一）

衰荣无定在，彼此更共之。

邵生瓜田中，宁似东陵时。

寒暑有代谢，人道每如兹。

达人解其会，逝将不复疑；

忽与一觞酒，日夕欢相持。

"忽与一觞酒，日夕欢相持"，明明白白就是饮酒嘛。这组诗里还有很多类似的句子，如：

"一觞虽独进，杯尽壶自倾。"（其七）

"提壶抚寒柯，远望时复为。"（其八）

"且共欢此饮，吾驾不可回。"（其九）

"悠悠迷所留，酒中有深味。"（其十四）

"觞来为之尽，是谘无不塞。"（其十八）

"虽无挥金事，浊酒聊可恃。"（其十九）

"若复不快饮，空负头上巾。"（其二十）

当然，这组诗里也有几首没有提及酒字，而是在抒发各种感慨，比如第二首中感慨世道的善恶不报、第三首中的道德沦丧、第六首中的是非不分、第十二首中的世俗相欺等等，还有第五首中的物我两忘怡然自得。

也就是说，《饮酒》这组诗，只是冠以"饮酒"之名的咏怀。或者我们也可以理解为，这组诗无论是否有"酒"字，都是陶渊明酒后所言，都带有酒气。

《饮酒》组诗前有序云：

> 余闲居寡欢，兼比夜已长，偶有名酒，无夕不饮，顾影独尽。忽焉复醉。既醉之后，辄题数句自娱，纸墨遂多。辞无诠次，聊命故人书之，以为欢笑尔。

所以说，《饮酒》其五，全篇虽无一个"酒"字，却是诗人酒后怡然自得真情流露的饮酒名篇。"此中有真意，欲辨已忘言"，更像是微醺状态下的物我两忘。我们在读陶渊明《饮酒》诗时，更应关注的是诗人真正想要表达的到底是什么。

陶渊明的这组《饮酒》诗，其实更像是一个愤青的愤慨和牢骚，在这组诗里表达出了他对世事、对时事的愤世嫉俗。那么，陶渊明为什么会在《饮酒》里表达这些愤慨和牢骚呢？

其实，不得不说还有一点，作为"古今隐逸诗人之宗"（钟嵘《诗品》）的陶渊明并非如我们想象的一袭布衣潇洒隐士，陶渊明一生曾有五次出仕的经历：

第一次出仕：在他二十八九岁时，出为江州祭酒，但很快就"不堪吏职"而辞职回家，"躬耕自资"；

第二次出仕：在他四十七岁时，为江州刺史桓玄幕僚。

三年之后丁母忧，辞官回家，又开始了躬耕田园的生活；

第三次出仕：在他五十三岁的时候，也就是母丧三年期满之后，出任镇军将军刘裕的参军；

第四次出仕：义熙元年（405）三月，陶渊明五十四岁时从刘裕处转任建威将军、江州刺史刘敬宣的参军，四个月后刘敬宣被免职，他自动解职回家；

第五次出仕：义熙元年（405）八月，陶渊明求为彭泽令。是年十一月，为官八十余天后作《归去来兮辞》，辞职回家。

我们可能只知道陶渊明最后这段彭泽县令挂冠归隐的仕宦经历，却不曾想，他曾经有过那么多次出仕经历。那么，问题又来了：

为什么陶渊明会再三出仕又再三，不对，是再五地辞职？

我们都知道，古代的文人都信奉"达则兼济天下，穷则独善其身"的理念，学而优则仕，都有"治国平天下"的政治理想，出身于士族大家的陶渊明，亦会如此。然而出仕之后的陶渊明却发现，这世界并不如他所想象。

其一，乱世的黑暗，让陶渊明无法实现政治理想。陶渊明可以说是生逢乱世，他一生六十年左右的时间里一共经历了三个朝代、十个皇帝。我们可以想象，这段历史应该是动荡不安的时期，政权更迭中，军阀割据。在这样的社会现实中，陶渊明的治世理想是根本无法实现的。

其二，家庭的影响，让陶渊明有清高淡远的风格。陶渊明的曾祖陶侃是晋初名臣，东晋名将，勤于吏治，清正廉明。陶渊明的祖父陶茂、父亲陶逸，也都是冲和温雅、淡泊名利的人。最值得一提的是陶渊明的外祖父孟嘉，也可以说，孟嘉对陶渊明的影响更大。陶渊明曾作《晋故征西大将军长史孟府君传》，在这篇记述自己外祖父孟嘉的传记里，陶渊明用了很多词汇形容孟嘉："冲默有远量""温雅平旷""行不苟合，言无夸矜，未尝有喜愠之容，好酣饮，逾多不乱。至于任怀得意，融然远寄，傍若无人"等等。

同时，陶渊明还记录了"龙山落帽"的典故：

> 君色和而正，温甚重之。九月九日，温游龙山，参佐毕集，四弟二甥咸在坐。时佐吏并著戎服。有风吹君帽堕落，温目左右及宾客勿言，以观其举止。君初不自觉，良久如厕，温命取以还之。廷尉太原孙盛为咨议参军，时在坐，温命纸笔，令嘲之。文成示温，温以著坐处。君归，见嘲笑而请笔作答，了不容思，文辞超卓，四座叹之。

——《晋故征西大将军长史孟府君传》

孟嘉"龙山落帽"的典故，表现了孟嘉的气度，也表现了孟嘉的才情。陶渊明十分仰慕自己的外祖父，就连陶渊明的冲澹闲远之风，也是颇似孟嘉。

其三，个性使然，陶渊明不愿折腰事人。

南朝梁萧统的《陶渊明传》里记录了陶渊明出仕彭泽令的去职缘由：

岁终，会郡遣督邮至。县吏请曰："应束带见之。"渊明叹曰："我岂能为五斗米折腰向乡里小儿！"即日解绶去职。

《晋书·陶潜传》也记述陶渊明的辞职感言："吾不能为五斗米折腰，拳拳事乡里小人邪。"大意相同，也就是后来我们常说的"不为五斗米折腰"。

关于任职彭泽令及弃官的前因后果，陶渊明在《归去来兮辞》（序文）里如是说：

彭泽去家百里，公田之利，足以为酒。故便求之。及少日，眷然有归欤之情。何则？质性自然，非矫励所得。饥冻虽切，违己交病。尝从人事，皆口腹自役。于是怅然慷慨，深愧平生之志。犹望一稔，当敛裳宵逝。

综上，我们可以推测，陶渊明挂冠归隐的想法由来已久，于是便就着督邮检查工作的因由，不愿逢迎，辞官而去。这也是陶渊明最后一次出仕，此后便是田园生活。

陶渊明在相当于是自传的《五柳先生传》中曾说："闲静少言，不慕荣利。"这就是陶渊明的个性，这样的性格，的确不适合出仕为官。

其实，关于陶渊明的做官与归隐，他在《归去来兮辞》（序文）中说得很清楚：

"家贫，耕植不足以自给"，所以做官；

"质性自然，非矫励所得"，所以辞官。

陶渊明在乱世之中仕与隐的夹缝中周旋,"性本爱丘山"的陶渊明最终选择了他所热爱的丘山田园,在田园中找寻自己的精神家园!

文学小贴士:

《饮酒》是东晋文学家陶渊明创作的一组五言诗,共二十首。这组诗借酒为题,表达了陶渊明对历史的感思、对现实的不满和对田园生活的喜爱。这组诗以酒寄意,诗酒结合,表现出陶渊明本真自然的生活状态和心态,体现出其独特的审美境界。

13. 伟大的跨代传播：张若虚《春江花月夜》

"最伟大的传播不是当代传播，而是跨代传播！"

这句话出自厦门大学邹振东教授的《弱传播》。

"真正的经典不仅是那个时代传播的胜出者，也是之后无数时代传播的胜出者。"

这句话也出自厦门大学邹振东教授的《弱传播》。

诚如斯言，跨代传播才是最伟大的传播。文学艺术史上有很多文人、艺术家当世寂寂无闻穷困落魄，但身后千百年，被无数人传诵追捧。反观一些当世的名士名作后世却湮没无闻。两者相比，历经无数时代传播的经典才能称为真正的经典。

张若虚的《春江花月夜》就是一个典型的跨代传播。不一样的文学课将带你解读张若虚《春江花月夜》的跨代传播——

春江潮水连海平，海上明月共潮生。

滟滟随波千万里，何处春江无月明！

江流宛转绕芳甸,月照花林皆似霰;

空里流霜不觉飞,汀上白沙看不见。

江天一色无纤尘,皎皎空中孤月轮。

江畔何人初见月?江月何年初照人?

人生代代无穷已,江月年年望相似。

不知江月待何人,但见长江送流水。

白云一片去悠悠,青枫浦上不胜愁。

谁家今夜扁舟子?何处相思明月楼?

可怜楼上月徘徊,应照离人妆镜台。

玉户帘中卷不去,捣衣砧上拂还来。

此时相望不相闻,愿逐月华流照君。

鸿雁长飞光不度,鱼龙潜跃水成文。

昨夜闲潭梦落花,可怜春半不还家。

江水流春去欲尽,江潭落月复西斜。

斜月沉沉藏海雾,碣石潇湘无限路。

不知乘月几人归,落月摇情满江树。

张若虚,扬州(今属江苏)人。曾任兖州兵曹,与贺知章、张旭、包融并称"吴中四士"。关于张若虚的记载,只有以上寥寥几笔。《全唐诗》也仅存其诗两首,一首是《代答闺梦还》,一首是《春江花月夜》。

然而,张若虚的《春江花月夜》在整个大唐,几乎无人提及,似乎这首诗根本不存在一般;宋代、元代,也无人评论这首诗,就在这首诗寂寂无名了几个世纪之后,在明代开始受人关注,在之后的文学评价史上更是享有盛誉。张若虚的《春江花月夜》就是一个典型的跨代传播,而且是一个非常伟大的跨代传播。我们一起来梳理一下这首诗的流传。

在唐代,似乎张若虚的《春江花月夜》不为人知,当世广为流传的十种唐人选唐诗里都没有收录。在宋代,几部大型文献如《唐百家诗选》《文苑英华》等,也都没有收录。

值得庆幸的是,宋代有个叫郭茂倩的人,他编了一部《乐府诗集》,是收集历代各种乐府诗最为完备的一部书,可以说是"乐府诗大全"。郭茂倩的《乐府诗集》第四十七卷"清商曲辞吴声歌曲"收录了《春江花月夜》同题七首:隋炀帝二首、诸葛颖一首、张子容二首、张若虚一首、温庭筠一首。可以说,张若虚的《春江花月夜》因为属于乐府诗而被侥幸收录流传。

然而，从此之后，宋代、元代，漫长的四百多年里，张若虚和他的《春江花月夜》无人提及。

明代，又是一部总集挽救了张若虚的《春江花月夜》。明代高棅成书于明洪武二十六年（1393）的《唐诗品汇》第三十七卷"七言古诗"收录了张若虚的《春江花月夜》。

而后又是两百多年的沉寂。一直到明末万历年间，胡应麟、臧懋循、唐汝询、钟惺、谭元春等收录并点评张若虚的《春江花月夜》，这首诗才逐渐回归大众视野。

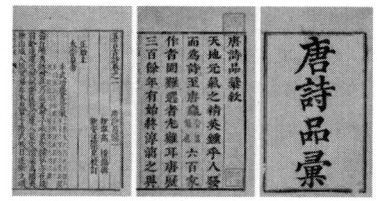

高棅《唐诗品汇》

清末王闿运在《湘绮楼说诗》中评价这首诗："张若虚《春江花月夜》用《西洲》格调，孤篇横绝，竟为大家。"

近代闻一多先生更是称赞这首诗："这里一番神秘而又亲切的、如梦境般的晤谈，有的是强烈的宇宙意识、被宇宙意识升华过的纯洁的爱情，又由爱情辐射出来的同情心，这是诗中的诗，顶峰上的顶峰。"（《宫体诗的自赎》）

尽管这首诗在漫长的历史中鲜为人知，但在后世，仅留下两首诗的张若虚，也因为这首诗而被历史铭记。

张若虚的《春江花月夜》通过对春江花月夜美景的描绘，在对宇宙与人生的思考中，将游子思妇的相思之情无限扩大，宛如一幅淡雅的水墨画，清幽蕴藉，是初唐文学中难得一见的佳品。虽然很多人写过《春江花月夜》，然而，现在提及《春江花月夜》，人们只记得张若虚的这首。

张若虚《春江花月夜》的流传过程，是一个经典作品曲折的流传过程，从不为人知，到闻名后世，在千年的历史长河中，他只是静静地等待，等待有一天，一双手翻开诗卷……

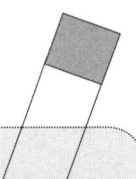

文学小贴士：

张若虚，生卒年不详，扬州人，曾任兖州兵曹。唐中宗神龙年间与贺知章、张旭、包融并称为"吴中四士"。《全唐诗》仅存其诗《春江花月夜》与《代答闺梦还》二首。

《春江花月夜》为乐府旧题，属于"清商曲辞·吴声歌曲"。宋代郭茂倩《乐府诗集》卷四十七"清商曲辞吴声歌曲"收录《春江花月夜》同题七首，其中隋炀帝二首、诸葛颖一首、张子容二首、张若虚一首、温庭筠一首。

14. 张若虚《春江花月夜》：哀而不伤的典范

我们继续解读张若虚的《春江花月夜》，对，你没看错，继续解读。这么伟大的作品，好不容易流传到现在，我们怎么能够一带而过呢？所以，不一样的文学课，继续带你解读张若虚的《春江花月夜》——

前面我们已经讲过张若虚《春江花月夜》曲折的跨代传播，现在，我们从文本出发，解读这篇作品哀而不伤的感情基调。

关于《春江花月夜》的感情基调，闻一多先生在《宫体诗的自赎》一文中这样说："在神奇的永恒前面，作者只有错愕，没有憧憬，没有悲伤。"

针对这一观点，李泽厚先生在《美的历程》一书中提出了不同意见："这首诗是有憧憬和悲伤的，但它是少年时代的憧憬和悲伤。尽管悲伤，仍感轻快，虽然叹息，总是轻盈。"

我同意李泽厚先生的观点，在《春江花月夜》里，是有憧憬和悲伤的，而这种憧憬和悲伤是属于少年的一声轻盈叹息，也就是儒家所说的"哀而不伤"。

在儒家的评价体系里，"乐而不淫，哀而不伤"符合中和之美。

我们常常说"哀伤"，其实，"哀"和"伤"属于两个层面，哀是表面，面露哀容；伤则是内在，损害身心。

在我看来，《春江花月夜》的感情基调是符合儒家中和之美的"哀而不伤"，读来只觉淡淡的哀愁弥漫其间。虽有游子思妇的别离之情，却依然在"不知乘月几人归"的憧憬中满怀希望，没有颓废，没有绝望。

《春江花月夜》的哀而不伤大致体现在三个方面：

其一，春江花月夜的美景映衬。作者开篇没有写思考，没有写别离，而是为我们塑造出一幅纯美的春江花月夜图景。在美好背景的映衬之下，人生短暂的思考之痛和游子思妇的别离之苦都蒙上一层柔美的色彩，以美景衬哀情，我们读到的只是淡淡的哀愁。

换言之，如果我们把这份苦痛置于秋风秋雨夜，在凄苦的环境中，思考和思念都会变得撕心裂肺，
哀伤深沉。故而，大背景非常重要。作者将游子思妇的离别愁思放在春江花月夜的美好背景之下展开，在美景的映衬下，离别愁思只是一种淡淡的情怀。

其二，对宇宙与人生的哲理思考。张若虚在春江花月

夜纯美的环境之中，面对江月永恒人生短暂，发出"江畔何人初见月？江月何年初照人？"的疑问，这一问，

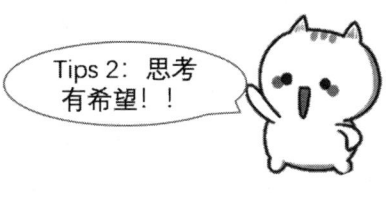

包含了复绝的宇宙意识，包含了深沉的哲学思考。当然，张若虚没有找到答案，淡淡的哀愁萦绕心间，但他却在对宇宙永恒人生短暂的思考中看到一个现象"人生代代无穷已，江月年年望相似"，虽然人生短暂江月永恒，最早见到月亮的那个人早已灰飞烟灭，但作为一个生物群体，人生，一代代没有穷尽。在这里，我们看到了生生不息的希望，我们看到了代代流转的生机。

其三，万象更新的初唐之音。张若虚的《春江花月夜》用的是乐府旧题，写的是古典文学中屡见不鲜的游子思妇

主题，但却焕发出永恒的艺术魅力。在这首诗里，伤春的情绪里饱含着对年华、青春的珍惜与热爱，"此时相望不相闻，愿逐月华流照君"的思妇，在红颜易老的恐慌中没有自暴自弃，没有颓废绝望，而是在岁月流转的苍凉守望中满怀希望地等待着游子的归来，"不知乘月几人归，落月摇情满江树"。也许，今夜等待的嗒嗒马蹄依然是过客不是归人，然而，伴随着落月，一缕相思之情摇落在江边

的树上，摇落在思妇的心上，也摇落在读者的心上。

这一点，也是有赖于《春江花月夜》产生于初唐这一时代背景。若是在"伤时伤事又伤心"的晚唐，这首诗中的苦与痛绝不会是这么云淡风轻的感觉，而是不仅"哀"而且"伤"。

总之，《春江花月夜》诗情优美，哀而不伤。诗中浓浓的离别相思在春江花月夜美景的映衬之下，化为淡淡的哀愁。这种哀愁中透露出一份迷惘、空蒙的情怀，如一缕轻梦飘过，却又始终萦绕心头……

文学小贴士：

"哀而不伤"出自《论语·八佾》："子曰：'《关雎》乐而不淫，哀而不伤。'"这是儒家诗教的重要命题，指诗歌、音乐不失中和之美。何晏在《论语集解》中引孔安国说："孔曰：'哀不至伤，言其和也。'"朱熹在《论语集注》中说："伤者，哀之过而害於和者也。"

15. 大唐才子：李白

盛唐，最典型的代表就是李白。不一样的文学课将带你去认识大唐才子：李白。

李白，可以说是中国历史上知名度最高的诗人，没有之一。从牙牙学语的孩子到耄耋之年的老人，都熟知这个名字。从小到大，我们张口即来的诗句多是出自李白的作品：

比如"床前明月光，疑是地上霜"；

比如"危楼高百尺，手可摘星辰"；

比如"举杯邀明月，对影成三人"；

比如"白发三千丈，缘愁似个长"；

比如"郎骑竹马来，绕床弄青梅"；

比如"小时不识月，呼作白玉盘"；

比如"飞流直下三千尺，疑是银河落九天"；

比如"天生我材必有用，千金散尽还复来"等等。

李白，在他生活的年代，是一个传说般的存在，他有太多非凡的经历。他自称"谪仙""酒仙"，曾以布衣的身份为皇帝召见。皇帝见到他,如同见到珍宝,亲自下辇车步迎,亲自"御手调羹",待遇规格很高。("降辇步迎,如见绮皓;以七宝床赐食,御手调羹以饭之。"李阳冰《草堂集序》)李白曾待诏翰林院,在皇帝身边待了三年,见证了大唐盛世的巅峰。李白又曾自请还山,皇帝赐金遣之,漫游名山大川。

这些都是大家知道的事实,但是在李白身上可能还有一些不为大众所知的故事。现在,我们就一起去探寻李白的另外几重身份——

大唐赘婿

李白曾经做过上门女婿。OMG,我们神仙一般的存在竟然做了上门女婿?!是的,你没看错,李白曾经入赘,做了上门女婿。

古时读书人的知行合一就体现在读万卷书,行万里路。李白25岁之前都在蜀中读书,从25岁开始离开家乡(四川江油青莲乡)向东(首都长安的方向)漫游。两年之后,李白漫游到湖北安陆(当时叫安州),27岁的李白在见到故相许圉师的孙女之后有了成家的渴望,于是,李白在安陆娶妻生子,住了十年的时间。我们知道李白老家是四川,现在安家在湖北安陆,基本就是入赘老许家了。在这十年间,李白形容自己是"酒隐安陆,蹉跎十年",只言片语间,似乎可以推测,依照李白的个性,上门女婿的日子并不十分快活。于是，在妻子去世之后，李白毅然决然带着一双儿女（伯禽和平阳）离开了安陆，而且从此再未回去。

除了这段让我们惊掉下巴的入赘经历，李白还曾有过犯罪的经历，也就是我们下面要说的李白的另一个身份。

朝廷钦犯

我的天，简直是颠覆认知了，我的诗仙还能犯罪？！

是的，李白的确犯罪了，而且罪名不小，附逆罪。这要从安史之乱说起。

安史之乱爆发后，李白兼具儒家和侠士情怀，国家有难，匹夫有责，于是，他应永王李璘之请，乱中投军，报效国家。可惜的是，李白投错了。公元757年，57岁的李白在永王军中写了一组诗《永王东巡歌》，抒发了建功报国的情怀。

永王东巡歌十一首

永王正月东出师，天子遥分龙虎旗。

楼船一举风波静，江汉翻为雁鹜池。

三川北虏乱如麻，四海南奔似永嘉。

但用东山谢安石，为君谈笑静胡沙。

雷鼓嘈嘈喧武昌，云旗猎猎过寻阳。

秋毫不犯三吴悦，春日遥看五色光。

龙蟠虎踞帝王州，帝子金陵访古丘。

春风试暖昭阳殿，明月还过鳷鹊楼。

二帝巡游俱未回，五陵松柏使人哀。

诸侯不救河南地，更喜贤王远道来。

丹阳北固是吴关，画出楼台云水间。

千岩烽火连沧海，两岸旌旗绕碧山。

王出三江按五湖，楼船跨海次扬都。

战舰森森罗虎士，征帆一一引龙驹。

长风挂席势难回，海动山倾古月摧。

君看帝子浮江日，何似龙骧出峡来。

祖龙浮海不成桥，汉武寻阳空射蛟。

我王楼舰轻秦汉，却似文皇欲渡辽。

帝宠贤王入楚关，扫清江汉始应还。

初从云梦开朱邸，更取金陵作小山。

试借君王玉马鞭，指挥戎虏坐琼筵。

南风一扫胡尘静，西入长安到日边。

　　李白的这组《永王东巡歌》一如既往浪漫飘逸，将永王的英武和威风大写特写，诗中的永王大有君王之风。然而永王擅自引兵东巡，被唐肃宗征剿，兵败被杀。李白也受牵连，以附逆罪在浔阳入狱，后被流放夜郎。对，就是"夜郎自大"的"夜郎"。这次流放对 57 岁的李白而言，无疑是深重的灾难。

幸运的是两年之后，即乾元二年（759），朝廷因关中大旱，大赦天下，李白终获自由，可以返回中土。他从长江顺流而下，写下了著名的《早发白帝城》：

朝辞白帝彩云间，

千里江陵一日还。

两岸猿声啼不住，

轻舟已过万重山。

了解了李白写这首诗的背景，我们就可以看出李白写这首诗时的心情，遇赦生还，文字间就可以看到李白轻快的脚步、轻快的心情。

不管李白那些非凡的经历，还是我们难以接受的经历，李白都是大唐盛世中不可多得的诗人，他的诗歌是盛唐气象的代表，李白在一定意义上就是大唐盛世的代表。

"李白斗酒诗百篇，长安市上酒家眠。天子呼来不上船，自称臣是酒中仙。"这就是大唐才子——李白。

大唐才子李白，他斗酒诗百篇，是盛唐气象的书写者。他留下的近千首作品既书写了盛唐欣欣向荣的景象，也记录了繁华背后的危机和危机爆发之后的苦难。

大唐才子李白，他生逢盛世，是盛世繁华的亲历者："我君混区宇，垂拱众流安""万户垂杨里，君家阿那边"，国运强盛，国泰民安，盛世的图景尽收笔底。

大唐才子李白，他游历南北，是锦绣山河的见证者："庐山秀出南斗傍，屏风九叠云锦张""黄河落天走东海，万里写入胸怀间"，山川秀美，江河万里，山河的锦绣俱在胸臆之间。

大唐才子李白，他漂泊游历，是身在异乡的远行客："浮云游子意，落日故人情""仍怜故乡水，万里送行舟"，故人之情，游子之意，诗人的悲叹都在送别之际。

大唐才子李白，他心怀天下，是黎庶苍生的悲悯者："长安一片月，万户捣衣声""田家秋作苦，邻女夜舂寒"，流离之思，田家之苦，盛世转衰之象都在苍凉的哀叹里。

大唐才子李白，他行侠仗义，是仗剑行走的侠客："十步杀一人，千里不留行""事了拂身去，深藏功与名"，路见不平，拔刀相助，侠客的功名就在仗剑去国的流年里。

大唐才子李白，他举杯对月，是清风明月的收藏者："明月出天山，苍茫云海间""清风生虚空，明月见谈笑"，清风自来，朗月在天，清风明月的疏朗都在月下独酌的身影里。

大唐才子李白，他豪饮千杯，是酒中之意的品味者："古来圣贤皆寂寞，惟有饮者留其名""惟愿当歌对酒时，月光长照金樽里"，千金散尽，会须一饮，饮者的寂寞与豪放都在举起的酒杯里。

他就是大唐才子——李白。

余光中在《寻李白》中这样描述李白：

寻李白

——痛饮狂歌空度日　飞扬跋扈为谁雄

那一双傲慢的靴子至今还落在

高力士羞愤的手里，人却不见了

把满地的难民和伤兵

把胡马和羌笛交践的节奏

留给杜二去细细地苦吟

自从那年贺知章眼花了

认你做谪仙，便更加佯狂

用一只中了魔咒的小酒壶

把自己藏起，连太太也寻不到你

怨长安城小而壶中天长

在所有的诗里你都预言

会突然水遁，或许就在明天

只扁舟破浪，乱发当风

——而今，果然你失了踪

树敌如林，世人皆欲杀

肝硬化怎杀得死你？

酒入豪肠，七分酿成月光

余下的三分啸成剑气

绣口一吐就半个盛唐

从开元到天宝，从洛阳到咸阳

冠盖满途车骑的嚣闹

不及千年后你的一首

水晶绝句轻叩我额头

当地一弹挑起的回音

一贬世上已经够落魄

再放夜郎毋乃太难堪

至今成谜是你的籍贯

陇西或山东，青莲乡或碎叶城

不如归去归哪个故乡？

凡你醉处，你说过，皆非他乡

失踪，是天才唯一的下场

身后事，究竟你遁向何处？

猿啼不住，杜二也苦劝你不住

一回头囚窗下竟已白头

七仙、五友，都救不了你了

匡山给雾锁了，无路可入

仍炉火未纯青，就半粒丹砂

怎追蹑葛洪袖里的流霞？

樽中月影，或许那才是你故乡

常得你一生痴痴地仰望

而无论出门向东哭，向西哭

长安却早已陷落

这二十四万里的归程

也不必惊动大鹏了，也无须招鹤

只消把酒杯向半空一扔

便旋成一只霍霍的飞碟

诡绿的闪光愈转愈快

接你回传说里去

文学小贴士：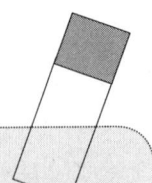

李白（701-762），字太白，号青莲居士。李白原籍陇西成纪（今甘肃秦安），出生地为中亚西域的碎叶城（在今吉尔吉斯斯坦境内），五岁时，其家迁居绵州昌隆（今四川江油）。李白二十五岁出蜀漫游，天宝元年奉诏入京，供奉翰林。三年后被赐金放还。安史之乱时入永王李璘幕府，后受牵累，被系浔阳狱，后流放夜郎，途中遇赦。宝应元年（762）病逝于当涂令李阳冰处。

李白是中国文学史上伟大的浪漫主义诗人，被称为"诗仙"，与杜甫并称"李杜"。李白诗歌追求清新自然的艺术境界，"清水出芙蓉，天然去雕饰"；风格豪放飘逸，想象丰富，大胆夸张，代表着中国古典诗歌发展的最高峰。

 16.《长干行》：不一样的思妇

游子思妇，是中国文学中不可忽略的名词。思妇的形象，我们毫不陌生，比如：

"自伯之东，首如飞蓬。岂无膏沐，谁适为容？"这是无心梳妆打扮的思妇；

"思君令人老，岁月忽已晚。弃捐勿复道，努力加餐饭。"这是消瘦憔悴的思妇；

"出户独彷徨，愁思当告谁！引领还入房，泪下沾裳衣。"这是忧思涕泣的思妇；

"忽见陌头杨柳色，悔教夫婿觅封侯。"这是闺中幽怨的思妇。

不一样的文学课将带你赏读李白《长干行》中不一样的思妇——

"长干行"是乐府旧题，出于《清商西曲》。李白的《长干行》以第一人称的口吻抒写了对外出经商的丈夫的思念，塑造了一个不同以往的思妇形象。

妾发初覆额，折花门前剧。

郎骑竹马来，绕床弄青梅。

同居长干里，两小无嫌猜。

十四为君妇，羞颜未尝开。

低头向暗壁，千唤不一回。

十五始展眉，愿同尘与灰。

常存抱柱信，岂上望夫台。

十六君远行，瞿塘滟滪堆。

五月不可触，猿声天上哀。

门前迟行迹，一一生绿苔。

苔深不能扫，落叶秋风早。

八月蝴蝶来，双飞西园草。

感此伤妾心，坐愁红颜老。

早晚下三巴，预将书报家。

相迎不道远，直至长风沙。

  这首诗用倒叙的手法，开篇以女子的第一人称"妾"来追忆童年，"妾发初覆额"，这里其实交代的是女子的年龄，头发刚刚盖住额头，应该是五六岁的光景，属于现在学龄前阶段。

  女主人公的出场是带有静态美的画面"折花门前剧"，

而男主人公出场则完全是动态的画面"郎骑竹马来,绕床弄青梅",骑着竹马出场的小男孩,绕着井架玩着青涩的梅子。"青梅竹马"与男女主人公青涩的童年相映成趣。两个孩子一起长大,却从无嫌隙——"两小无嫌猜",感情较好。也许童年的玩伴中也会有不愉快的争吵,然而此刻在回忆里只剩下甜蜜和美好。

两个青梅竹马两小无猜的孩子长大之后喜结连理,"十四为君妇",时光流转,那个折花的小女孩已成为初为人妇的女子,"羞颜未尝开",带有几分娇羞,"低头向暗壁,千唤不一回",虽则夸张,却把初婚的羞涩形象地写出来了。

"十五始展眉,愿同尘与灰",婚后一年,女子才褪去羞怯,此时的她愿与他生死相随至死不渝,"愿同尘与灰"即为此意,愿意与他一起化尘成灰。《蒋勋说唐诗》里将这句话解释为"发愿希望两个人之间的关系就像灰与尘一样,卑微、平凡,但只要在一起,都没有关系",个人觉得,这个解释过于字面化了。从下文"常存抱柱信"里我们也可以看出,女子对丈夫常常存有坚定不移的信念,有着矢志不渝的情感。

"抱柱信""望夫台"是两个典故,女子用尾声抱柱之信来表明自己的坚贞不渝,同时,相守的爱人从未想过分离,"岂上望夫台"。然而,婚后第三年,丈夫远行经商,此时的她在他出门的一刹那变为思妇,之前只关注夫君的她此刻才发觉"瞿塘滟滪堆",瞿塘峡的大礁石因为五月涨水而没于水中,船行易触礁而沉。从这时开始,女子的生活因思念而变得冗长。"五月""八月",比起刚刚以年纪事,现在开始以月为纪。八月双飞的蝴蝶,更加反衬自己的孤单。于是,女子开始感伤"感此伤妾心,坐愁红颜老"。古诗词中思妇常常会有"坐愁红颜老"的哀伤。

思及至此,一般的思妇都会陷入深深的哀愁无法自拔,或者进而成为"怨妇",但,这是浪漫主义诗人李白笔下的思妇,她的哀愁仅限于此。

她是一个充满希望的思妇,她告诉自己,也是在告诉丈夫"早晚下三巴,预将书报家",如果有一天,你要回来,请一定要提前写封书信回家,那么,我将"相迎不道远,直至长风沙"。

从《长干行》中对于思妇的描写我们可以看出,李白笔下的思妇有一种爽朗的美,有一种活泼的美,她不拖泥带水,她不自怨自艾。这是李白性格中的浪漫与乐观,这是盛唐气象中的昂扬与大气。

文学小贴士：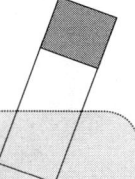

　　《长干行》，又作《长干曲》，属乐府《杂曲歌辞》曲名。宋代郭茂倩所著《乐府诗集·杂曲歌辞十二》有载。

　　长干，长干里，在金陵。古建康里巷名，借指南京，故址位于今南京市江宁区秣陵街道。宋代王象之《舆地纪胜》卷十七中载："长干是秣陵县东里巷名。江东谓山陇之间曰干。"当年系船民集居之地，故《长干曲》多抒发船家女子的感情。

17. 诗酒自结缘

诗是什么？诗是一种可以治愈的文体。

酒是什么？酒是一种可以治愈的液体。

不一样的文学课将带你去探究诗与酒的关联——

如果我们设置一个问题：如果让李白做代言人，你觉得他的形象气质最适合代言什么产品？

我想大多数人会认为李白最适合代言的是——酒。

  李白斗酒诗百篇，

  长安市上酒家眠。

  天子呼来不上船，

  自称臣是酒中仙。

杜甫在《饮中八仙歌》里这样描述李白。不错，李白是诗仙，也是酒仙，李白关于饮酒的诗有很多：

  人生得意须尽欢，莫使金樽空对月。

         ——《将进酒》

惟愿当歌对酒时，月光长照金樽里。

——《把酒问月》

花间一壶酒，独酌无相亲。举杯邀明月，对影成三人。

——《月下独酌》

君若不饮酒，昔人安在哉。

——《对酒》

旁人借问笑何事，笑杀山翁醉似泥。

——《襄阳歌》

金樽清酒斗十千，玉盘珍羞直万钱。

——《行路难》

落花踏尽游何处，笑入胡姬酒肆中。

——《少年行》

酒后竞风采，三杯弄宝刀。

——《白马篇》

白酒新熟山中归，黄鸡啄黍秋正肥。

——《南陵别儿童入京》

相携及田家，童稚开荆扉。

——《下终南山过斛斯山人宿置酒》

但见宵从海上来，宁知晓向云间没。

——《把酒问月·故人贾淳令予问之》

白玉一杯酒，绿杨三月时。

——《赠钱征君少阳》

北斗酌美酒，劝龙各一觞。

——《短歌行》

笑杀陶渊明，不饮杯中酒。

——《嘲王历阳不肯饮酒》

秀眉霜雪颜桃花，骨青髓绿长美好。

——《山人劝酒》

何时更杯酒，再得论心胸。

——《魏郡别苏明府因北游》

时来引山月，纵酒酣清晖。

——《赠秋浦柳少府》

置酒望白云，商飙起寒梧。

——《登单父陶少府半月台》

天若不爱酒，酒星不在天。地若不爱酒，地应无酒泉。

——《月下独酌》（其二）

没错，以上这些都是李白写酒的诗，而且这还不是李白全部的写酒的诗。郭沫若曾经对李白现存的诗歌进行统计，他发现，李白诗歌中提及酒的占17%，现行的《李太白全集》，存诗1000余首，按照这个计算，李白写酒的诗应该有170多首。

我个人比较喜欢的李白写酒的诗有《月下独酌》（一人独酌）、《宣州谢朓楼饯别校书叔云》（两人对饮）、《将进酒》（三人群饮）：

"举杯邀明月，对影成三人"饮的是李白的寂寞；

"抽刀断水水更流，举杯消愁愁更愁"饮的是李白的失意；

"天生我材必有用，千金散尽还复来"饮的是李白的豪迈。

说起李白与酒的关系，我们先从李白的诗中，看看李白喝过的酒：

兰陵美酒郁金香，玉碗盛来琥珀光。

——《客中行》

南国新丰酒，东山小妓歌。对君君不乐，花月奈愁何。

——《金陵子》

鲁酒若琥珀，汶鱼紫锦鳞。

——《酬中都小吏携斗酒双鱼于逆旅见赠》

堂上三千珠履客，瓮中百斛金陵春。

——《寄韦南陵冰余江上乘兴访
之遇寻颜尚书笑有此赠》

东山春酒绿，归隐谢浮名。

——《留别西河刘少府》

金樽清酒斗十千，玉盘珍羞直万钱。

——《行路难》（其一）

我们已无法考证这些酒在大唐是否销售火爆，但酒仙喝过的酒，想来应该不会萧条吧。

而在后世，我们可以看到的是，李白喝出的酒（酒厂、酒企业）就有不少，我们大致梳理一下：

NO.1　白云边，李白诗中有"且就洞庭赊月色，将船买酒白云边"，成就了湖北白云边酒业。

NO.2　陕西太白酒业，李白字太白，诸多与李白相关的酒文化里，陕西太白酒业一直自居为正统。

NO.3　重庆诗仙太白酒业，这个酒厂的诗仙太白酒，现在依然卖得不错。

NO.4 湖北李白宴酒，这是湖北安陆的一款酒，李白曾在此地娶妻生子。

NO.5 四川江油李白故里酒业有限公司，这是来自李白故乡的酒。

NO.6 安徽马鞍山太白酒厂，这个酒厂位于当涂县太白镇，这是李白仙逝的地方（李白病死于当涂县令李阳冰家）。

NO.7 "太白遗风""太白酒家"，江南的酒家，酒旗上常常是这两个名字。

NO.8 醉太白，这是贵州省仁怀市茅台镇极品酒厂的一个酒系列，有醉红尘、酒中月、金樽等品类。

不管李白是否同意，这些酒，都和李白有了关联。究其根本，还是因为李白与酒的关系密切，因为诗酒自结缘。

其实，诗与酒的结缘，从《诗经》就已经有了：

伐木于阪，酾酒有衍。（《诗经·小雅·伐木》）

既醉以酒，既饱以德。（《诗经·大雅·既醉》）

君子有酒，嘉宾式燕以乐。（《诗经·小雅·南有嘉鱼》）

文学史上借酒抒怀者，不胜枚举。诗与酒相互成就，一樽美酒成就了诗兴与才情，一首小诗成就了酒香与酒味。

诗酒自结缘，用李白的一首酒诗作结：

天若不爱酒，酒星不在天。

地若不爱酒，地应无酒泉。

天地既爱酒，爱酒不愧天。

已闻清比圣，复道浊如贤。

贤圣既已饮，何必求神仙。

三杯通大道，一斗合自然。

但得酒中趣，勿为醒者传。

——李白《月下独酌》（其二）

番外：

关于酒的传说有很多，其中一个是这样的：

很久很久以前，有一个老人（也有人说他叫杜康）住在荒野外，有一天晚上他梦见一个神仙对自己说："明天你在酉时之前找到除你之外的三个人，每人一滴血滴到碗里，然后倒进住处附近的山泉，这山泉就会味道甘醇，你可以卖钱度日。"

第二天，老人开始行动，他走到大路边，等了一会儿，走过来一个书生，老人上前说了自己的请求，想要书生一滴血，书生百般推脱，老人千般请求，最终书生很不情不愿地用针扎了一下手指头，老人千恩万谢，这是第一滴血。然后又等了一段时间，大路上过来一个武夫，老人上前说出自己的请求，话未说完，武夫豪爽地解下佩刀，割破胳膊，血流进碗里，这是第二滴血。然后老人左等右等，等到酉时将至,也未等到第三个人,老人心灰意冷,走回自己的住处,发现门口的干草堆上躺着一个熟睡的人。老人喜出望外,赶紧去请求第三滴血,他使劲摇晃,把这个人叫醒,可是,叫醒之后老人说了半天发现这个人毫无反应,这时才发现这是一个傻子。事急从权,老人情急之下直接扎了这个人的手指头,血滴进碗里,这是第三滴血。酉时之前老人将这三滴血倒进山泉,酒就产生了。

你读懂了吗?

因为有这三个人的血液在酒里,喝酒的人就具备这三种人的状态:初上酒桌,都是书生,你推我让,文质彬彬;酒至半酣,变成武夫,推杯换盏,豪气干云;最后成为傻子,神志不清,人事不省。

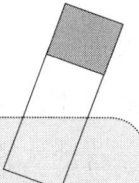

文学小贴士:

　　许慎在《说文解字》(卷十四酉部)中对"酒"的解释是:酒,就也,所以就人性之善恶。从水,从酉,酉亦声。一曰造也,吉凶所造也。古者仪狄作酒醪,禹尝之而美,遂疏仪狄。杜康作秫酒。子酉切。

18. "倒霉孩子"杜甫

提到杜甫，大家应该还记得前些年被恶搞的那幅"杜甫很忙"的图片。

杜甫被后世称为"诗圣"，宋代以后，杜诗受到广泛推崇，王安石、苏轼、黄庭坚、陆游等人都对杜甫推崇备至，江西诗派更是把杜甫标榜为"祖"，一首一首地去模仿杜甫的诗作。在宋代，学杜诗、注杜诗、研究杜诗成为一种风尚，从而形成了"千家注杜"的局面。杜甫与李白并称"李杜"，可谓大唐的双子座。然而，在他生活的年代里，杜甫就是一个典型的"倒霉孩子"。不一样的文学课将带你去认识"倒霉孩子"杜甫——

一切还要从杜甫35岁时说起，因为杜甫从这一年起在长安参加科考、求职。从我们所背过的杜甫的诗文可以看出，杜甫还是有两把刷子的。

然而倒霉的是杜甫参加科考的年代正是唐玄宗不理朝政的堕落时期,朝政被李林甫、杨国忠把持。李林甫为了独揽大局,拒绝有才有能的士子进入朝堂,于是,包括杜甫在内的很多人被"野无遗贤"给和谐了。

科考失败对于杜甫而言只是"倒霉孩子"的第一步,杜甫之后的十年,可谓是困守长安。十年时间,"朝扣富儿门,暮随肥马尘。残杯与冷炙,到处潜悲辛"(杜甫《奉赠韦左丞丈二十二韵》),简言之,真的是一把鼻涕一把泪的辛酸生活。这期间,杜甫写了《饮中八仙歌》《奉赠韦左丞丈二十二韵》《兵车行》等作品,记录了自己在长安的所见所感。

纨绔不饿死,儒冠多误身。丈人试静听,贱子请具陈。

甫昔少年日,早充观国宾。读书破万卷,下笔如有神。

赋料扬雄敌,诗看子建亲。李邕求识面,王翰愿卜邻。

自谓颇挺出,立登要路津。致君尧舜上,再使风俗淳。
此意竟萧条,行歌非隐沦。骑驴十三载,旅食京华春。
朝扣富儿门,暮随肥马尘。残杯与冷炙,到处潜悲辛。
主上顷见征,欻然欲求伸。青冥却垂翅,蹭蹬无纵鳞。
甚愧丈人厚,甚知丈人真。每于百僚上,猥诵佳句新。
窃效贡公喜,难甘原宪贫。焉能心怏怏,只是走踆踆。
今欲东入海,即将西去秦。尚怜终南山,回首清渭滨。
常拟报一饭,况怀辞大臣。白鸥没浩荡,万里谁能驯?

——《奉赠韦左丞丈二十二韵》

倒霉孩子之三

直到天宝十四年(755)10月,44岁的杜甫才被任命为河西尉,还未上任即改任右卫率府胄曹参军,虽是从八品的小官,但生计总算有了着落。然而倒霉的是755年11月大唐就发生安史之乱,次年6月长安陷落,大唐政府西迁,玄宗避难蜀中,7月,太子李亨于灵武即位,是为唐肃宗。别人是"新官上任三把火",杜甫是新官未上任就成泡影。回家探亲路上,杜甫写了《自京赴奉先咏怀五百字》,记录了"朱门酒肉臭，路有冻死骨"的社会现状。

杜陵有布衣，老大意转拙。许身一何愚，窃比稷与契。

居然成濩落，白首甘契阔。盖棺事则已，此志常觊豁。

穷年忧黎元，叹息肠内热。取笑同学翁，浩歌弥激烈。

非无江海志，潇洒送日月。生逢尧舜君，不忍便永诀。

当今廊庙具，构厦岂云缺。葵藿倾太阳，物性固难夺。

顾惟蝼蚁辈，但自求其穴。胡为慕大鲸，辄拟偃溟渤。

以兹悟生理，独耻事干谒。兀兀遂至今，忍为尘埃没。

终愧巢与由，未能易其节。沉饮聊自遣，放歌破愁绝。

岁暮百草零，疾风高冈裂。天衢阴峥嵘，客子中夜发。

霜严衣带断，指直不能结。凌晨过骊山，御榻在嵽嵲。

蚩尤塞寒空，蹴蹋崖谷滑。瑶池气郁律，羽林相摩戛。

君臣留欢娱，乐动殷胶葛。赐浴皆长缨，与宴非短褐。

彤庭所分帛，本自寒女出。鞭挞其夫家，聚敛贡城阙。

圣人筐篚恩，实愿邦国活。臣如忽至理，君岂弃此物。

多士盈朝廷，仁者宜战栗。况闻内金盘，尽在卫霍室。

中堂有神仙，烟雾蒙玉质。煖客貂鼠裘，悲管逐清瑟。

劝客驼蹄羹，霜橙压香橘。朱门酒肉臭，路有冻死骨。

荣枯咫尺异，惆怅难再述。北辕就泾渭，官渡又改辙。
群水从西下，极目高崒兀。疑是崆峒来，恐触天柱折。
河梁幸未坼，枝撑声窸窣。行李相攀援，川广不可越。
老妻寄异县，十口隔风雪。谁能久不顾，庶往共饥渴。
入门闻号咷，幼子饿已卒。吾宁舍一哀，里巷亦呜咽。
所愧为人父，无食致夭折。岂知秋禾登，贫窭有仓卒。
生常免租税，名不隶征伐。抚迹犹酸辛，平人固骚屑。
默思失业徒，因念远戍卒。忧端齐终南，澒洞不可掇。

——《自京赴奉先咏怀五百字》

之四

乱离中，杜甫举家迁往鄜州羌村，此时的杜甫，听闻肃宗即位，在756年8月只身北上灵武，投奔肃宗。然而倒霉的是杜甫途中不幸被安史叛军俘虏，押至长安。杜甫因为官位太小，没有被关押。757年4月，杜甫冒险从城西金光门逃出长安，穿过两军的对阵，逃到凤翔（今陕西宝鸡）投奔肃宗。这一路上杜甫在颠沛流离中也没闲着，他写了《月夜》《述怀》《悲陈陶》《对雪》《哀江头》《春望》等作品，记述了国破山河的悲苦。

　　国破山河在，城春草木深。

　　感时花溅泪，恨别鸟惊心。

　　烽火连三月，家书抵万金。

　　白头搔更短，浑欲不胜簪。

　　　　　　　　——《春望》

　　肃宗见到前来投奔的杜甫，感动至极，任命杜甫为左拾遗。然而倒霉的是，不久因房琯事发（房琯之事比较复杂，此处不再赘述），左拾遗杜甫"食君之俸，担君之忧"，上疏营救房琯，触怒肃宗，放还鄜州，后被贬为华州司功参军。在这期间，杜甫写了《玉华宫》《羌村三首》《洗兵马》《曲江对雨》《曲江对酒》《曲江二首》，以及最最著名的"三吏三别"。

　　暮投石壕村，有吏夜捉人。

　　老翁逾墙走，老妇出门看。

　　吏呼一何怒！妇啼一何苦！

　　听妇前致词：三男邺城戍。

　　一男附书至，二男新战死。

　　存者且偷生，死者长已矣！

　　室中更无人，惟有乳下孙，

有孙母未去，出入无完裙。

老妪力虽衰，请从吏夜归，

急应河阳役，犹得备晨炊。

夜久语声绝，如闻泣幽咽。

天明登前途，独与老翁别。

——《石壕吏》

之五

759年7月，杜甫弃官，先往秦州（甘肃天水），12月又往成都。当时，杜甫的好朋友严武镇蜀，严武帮助杜甫在城西浣花溪畔建了一座草堂，世称"杜甫草堂"，也称"浣花草堂"。广德二年（764）春，严武又保举杜甫为检校工部员外郎（后人称杜甫为杜工部就是因为这个职位），然而倒霉的是，广德三年（765）4月，严武突然去世，杜甫又一次失去依靠，生活无着。在蜀期间，杜甫写了《堂成》《蜀相》《江村》《春夜喜雨》《闻官军收河南河北》《春归》《登楼》《宿府》《茅屋为秋风所破歌》等诗作。

八月秋高风怒号，卷我屋上三重茅。

茅飞渡江洒江郊，高者挂罥长林梢，下者飘转沉塘坳。

南村群童欺我老无力，忍能对面为盗贼。

公然抱茅入竹去，唇焦口燥呼不得，归来倚杖自叹息。

俄顷风定云墨色，秋天漠漠向昏黑。

布衾多年冷似铁，娇儿恶卧踏里裂。

床头屋漏无干处，雨脚如麻未断绝。

自经丧乱少睡眠，长夜沾湿何由彻！

安得广厦千万间，大庇天下寒士俱欢颜！

风雨不动安如山。

呜呼！何时眼前突兀见此屋，吾庐独破受冻死亦足！

——《茅屋为秋风所破歌》

漂泊西南的杜甫，此时已是晚年（离去世还有四年，不过杜甫当时不知道哈），晚年的杜甫出蜀，到夔州住了近两年，写了很多诗，如《秋兴八首》《登高》等影响深远的佳作都是在夔州期间所写。

风急天高猿啸哀，渚清沙白鸟飞回。

无边落木萧萧下，不尽长江滚滚来。

万里悲秋常作客，百年多病独登台。

艰难苦恨繁霜鬓，潦倒新停浊酒杯。

——《登高》

768年，57岁的杜甫思乡心切乘船出峡，想回家乡。59岁那年冬天，杜甫死在了由潭州到岳阳的一条船上。《旅夜书怀》《登岳阳楼》等作品都写于这个时期，"亲朋无一字，老病有孤舟"的晚景让人唏嘘。

昔闻洞庭水，今上岳阳楼。

吴楚东南坼，乾坤日夜浮。

亲朋无一字，老病有孤舟。

戎马关山北，凭轩涕泗流。

——《登岳阳楼》

总结杜甫的一生（尤其是后半生），穷困愁苦，颠沛流离。安史之乱中，杜甫亲历乱离，他用自己的笔自己的诗记录了整个时代的悲苦，"三吏三别"《羌村三首》等诗作，正是大唐安史之乱时期国家灾难的真实记录。

一定意义上，安史之乱成就了杜甫，杜甫成就最高的纪实作品大都写于这个时期，如果没有安史之乱，杜甫可能就是一个"奉儒守官"的小诗人。所以，有时候我们不得不承认，国家不幸诗家大幸。

杜甫虽然自身颠沛流离，但他心怀天下，忧国忧民，悲天悯人，感时伤事。在他的诗里，我们看到大唐社会由盛世繁华转衰的历史巨变——

社会动荡的记忆在他"国破山河在，城春草木深"的叹息里，政治黑暗的现状在他"朱门酒肉臭，路有冻死骨"的愤慨里，人民流离的疾苦在他"存者无消息，死者为尘泥"的感喟里。

所以，杜甫的"倒霉孩子"经历说到底是时代的悲剧，实际上是那个时代千千万万文人的缩影。我们不得不再一次感慨，任何人任何作品都不可能超越自己的时代而存在。

有人说，少年读不懂杜甫，因为经历和阅历使然。诚如斯言，杜甫的诗是饱经苦难之后的心语，需要时间去沉淀。

不管我们现在能不能读懂，杜甫，都是整个诗歌史上不容忽视的存在。

文学小贴士：

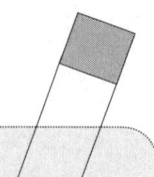

杜甫（712－770），字子美，河南巩县（今河南省巩义市）人。因曾居于长安城南少陵附近，自号少陵野老，世称"杜少陵"。青年时期，杜甫裘马轻狂，漫游齐赵吴越，三十五岁在长安求仕，困守长安十年。安史之乱时经受乱离，被叛军俘虏，后逃脱，奔赴凤翔肃宗行在，被任命为左拾遗，世称"杜拾遗"。不久贬华州司功参军，后弃官入蜀，被严武表为节度参谋、检校工部员外郎，世称"杜工部"。严武卒后，杜甫举家出蜀，大历五年（770）病死在湘水上。

杜甫是唐代伟大的现实主义诗人，被世人尊为"诗圣"，其诗歌风格沉郁顿挫，被称为"诗史"。

# 19. 李白与杜甫的"友情"

李白与杜甫,大唐诗坛上两颗耀眼的明星,一如"双子座",代表着唐诗浪漫主义和现实主义的高峰。不一样的文学课将跟你聊聊这两位伟大诗人之间的故事——

> 白也诗无敌,飘然思不群。清新庾开府,俊逸鲍参军。渭北春天树,江东日暮云。何时一樽酒,重与细论文。

——《春日忆李白》

> 浮云终日行,游子久不至。三夜频梦君,情亲见君意。

——《梦李白》(其二)

> 冠盖满京华,斯人独憔悴。孰云网恢恢,将老身反累。千秋万岁名,寂寞身后事。

——《梦李白》(其二)

> 昔年有狂客，号尔谪仙人。笔落惊风雨，诗成泣鬼神。
>
> ——《寄李十二白二十韵》（节选）

> 不见李生久，佯狂真可哀。世人皆欲杀，吾意独怜才。
>
> ——《不见》

> 秋来相顾尚飘蓬，未就丹砂愧葛洪。痛饮狂歌空度日，飞扬跋扈为谁雄。
>
> ——《赠李白》

> 李白斗酒诗百篇，长安市上酒家眠。天子呼来不上船，自称臣是酒中仙。
>
> ——《饮中八仙歌》（节选）

以上这些，都是杜甫写（给）李白的诗句，字里行间，都满溢着杜甫对李白的崇拜与热爱。

这里不得不提的还有一桩公案，那就是李杜之间的友情。文学史上大都如是描述李杜友情：

人民文学出版社出版的游国恩主编的《中国文学史》（中册）中这样说：

> 天宝三载春，李白离开长安后，再度开始了他的漫游生活。在洛阳他遇见了杜甫，在扁舟又遇见高适，这三位诗人便一同畅游梁园（开封）、

济南等地。李白和杜甫更结下了深厚的友谊。

在很多专家看来,李白和杜甫,两个伟大的诗人,在伟大的唐朝又有交集,定然会产生伟大的友谊。

闻一多在《唐诗杂论》中提及李白杜甫的相遇时曾这样说:

> 我们该当品三通画角,发三通擂鼓,然后提起笔来蘸饱了金墨,大书而特书。因为我们四千年的历史里,除了孔子见老子(假如他们是见过面的),没有比这两人的会面,更重大,更神圣,更可纪念的。我们再逼紧我们的想象,譬如说,青天里太阳和月亮走碰了头,那么,尘世上不知要焚起多少香案,不知有多少人要望天遥拜,说是皇天的祥瑞。如今李白和杜甫——诗中的两曜,劈面走来了,我们看去,不比那天空的异端一样的神奇,一样的有重大的意义吗?

在我看来,李白与杜甫的相遇,起码在当时,这相遇发生的时候,并非如此。

李白、杜甫第一次相遇的时间是公元 744 年——

这时候的李白已是名满天下,经历长安三年,皇帝礼遇,待诏翰林院,阅遍了盛世繁华,自请还山,玄宗赐金放还,漫游名山大川;而这时候的杜甫却是进士不第,游历四方,读万卷书,行万里路,裘马轻狂。

一别之后,杜甫一而再,再而三地追忆李白,寄怀李白,杜甫的诗集中写给李白（写到李白）的诗作有十几首，如《赠李白》《冬日有怀李白》《春日忆李白》《梦李白二首》《天末怀李白》等，最长的一首是《寄李十二白二十韵》，绵绵思念，情真意切。

反观李白呢，只有四首提及杜甫，其中两首《鲁郡东石门送杜二甫》《沙丘城下寄杜甫》还写于初别之际。对比一下《赠汪伦》中"桃花潭水深千尺，不及汪伦送我情"的表白，杜甫更是情何以堪。

这时候在李白的眼中，杜甫就是一个热爱文学的上进青年；这时候在杜甫的眼中，李白就是一个超级火爆的偶像男神。

我觉得李白和杜甫之间的交集，更像是偶像和粉丝之间的感情。

譬如你有一个偶像男神，你知道他的所有喜好，你喜欢他说的每一句话，你刷着他的微博关注着他的一言一行一举一动，你悲喜着他的悲喜。有一天，他来到你所生活的城市，在粉丝见面会上，万丈夺目的他站在聚光灯下神采飞扬，寂寂无闻的你在台下的角落欢呼鼓掌。就在这个时间，在这个空间里，你们有所交集。一别之后，你念念于兹时刻不忘，可是，他会记得你吗？他会想起你吗？

哦，扎心了，老铁！

无论如何，李白和杜甫，虽未成

为挚友，然而他们在大唐相遇过，本就是一件美妙的事，值得我们去追思和向往，更何况他们的相遇还给了杜甫创作的灵感和情感！

"李杜文章在，光焰万丈长。"不管我们如何去看，他们已经在时空中走过，留给我们可供瞻仰的背影……

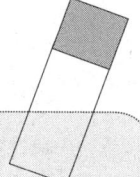

文学小贴士：

　　李杜相比，孰优孰劣，让李白杜甫一决高下，在文学史上也是一场争辩。我以为比较公允的说法出自韩愈与严羽：

　　韩愈《调张籍》："李杜文章在，光焰万丈长。不知群儿愚，那用故谤伤。蚍蜉撼大树，可笑不自量。"

　　严羽《沧浪诗话》："李杜二公正不当优劣。太白有一二妙处子美不能道，子美有一二妙处太白不能作。子美不能为太白之飘逸，太白不能为子美之沉郁。太白梦游天姥吟、远离别等子美不能道；子美北征、兵车行、垂老别等太白不能作。"

20.《长恨歌》里藏着白居易的爱情往事

《长恨歌》可谓是白居易创作中的名篇佳作,在当时及后世流传极为广泛。不一样的文学课将带你解读《长恨歌》里藏着的白居易的爱情往事——

《长恨歌》是白居易自己评价为"一篇长恨有风情"的作品,作者用心之苦、用力之勤自不必说,我们一起去探寻《长恨歌》背后的故事。

汉皇重色思倾国,御宇多年求不得。

杨家有女初长成,养在深闺人未识。

天生丽质难自弃,一朝选在君王侧。

回眸一笑百媚生,六宫粉黛无颜色。

春寒赐浴华清池,温泉水滑洗凝脂。

侍儿扶起娇无力,始是新承恩泽时。

云鬓花颜金步摇,芙蓉帐暖度春宵。

春宵苦短日高起,从此君王不早朝。

承欢侍宴无闲暇，春从春游夜专夜。

后宫佳丽三千人，三千宠爱在一身。

金屋妆成娇侍夜，玉楼宴罢醉和春。

姊妹弟兄皆列土，可怜光彩生门户。

遂令天下父母心，不重生男重生女。

骊宫高处入青云，仙乐风飘处处闻。

缓歌慢舞凝丝竹，尽日君王看不足。

渔阳鼙鼓动地来，惊破霓裳羽衣曲。

九重城阙烟尘生，千乘万骑西南行。

翠华摇摇行复止，西出都门百余里。

六军不发无奈何，宛转蛾眉马前死。

花钿委地无人收，翠翘金雀玉搔头。

君王掩面救不得，回看血泪相和流。

黄埃散漫风萧索，云栈萦纡登剑阁。

峨嵋山下少人行，旌旗无光日色薄。

蜀江水碧蜀山青，圣主朝朝暮暮情。

行宫见月伤心色，夜雨闻铃肠断声。

天旋日转回龙驭，到此踌躇不能去。

马嵬坡下泥土中，不见玉颜空死处。

君臣相顾尽沾衣，东望都门信马归。

归来池苑皆依旧，太液芙蓉未央柳。

芙蓉如面柳如眉，对此如何不泪垂。

春风桃李花开夜，秋雨梧桐叶落时。

西宫南苑多秋草，落叶满阶红不扫。

梨园弟子白发新，椒房阿监青娥老。

夕殿萤飞思悄然，孤灯挑尽未成眠。

迟迟钟鼓初长夜，耿耿星河欲曙天。

鸳鸯瓦冷霜华重，翡翠衾寒谁与共。

悠悠生死别经年，魂魄不曾来入梦。

临邛道士鸿都客，能以精诚致魂魄。

为感君王辗转思，遂教方士殷勤觅。

排空驭气奔如电，升天入地求之遍。

上穷碧落下黄泉，两处茫茫皆不见。

忽闻海上有仙山，山在虚无缥缈间。

楼阁玲珑五云起，其中绰约多仙子。

中有一人字太真，雪肤花貌参差是。

金阙西厢叩玉扃，转教小玉报双成。

闻道汉家天子使，九华帐里梦魂惊。

揽衣推枕起徘徊，珠箔银屏迤逦开。

云鬓半偏新睡觉，花冠不整下堂来。

风吹仙袂飘摇举，犹似霓裳羽衣舞。

玉容寂寞泪阑干，梨花一枝春带雨。

含情凝睇谢君王，一别音容两渺茫。

昭阳殿里恩爱绝，蓬莱宫中日月长。

回头下望人寰处，不见长安见尘雾。

唯将旧物表深情，钿合金钗寄将去。

钗留一股合一扇，钗擘黄金合分钿。

但令心似金钿坚，天上人间会相见。

临别殷勤重寄词，词中有誓两心知。

七月七日长生殿，夜半无人私语时。

在天愿作比翼鸟，在地愿为连理枝。

天长地久有时尽，此恨绵绵无绝期。

  首先，我们需要了解的是《长恨歌》的创作背景，或者说是创作缘由，也就是白居易为什么会写《长恨歌》。

据陈鸿《长恨歌传》记载："元和元年（806）冬十二月，太原白乐天自校书郎尉于盩厔任。鸿与琅琊王质夫家于是邑，暇日相携游仙游寺，话及此事，相与感叹。质夫举酒于乐天前曰：'夫希代之事，非遇出世之才润色之，则与时消没，不闻于世。乐天深于诗，多于情者也，试为歌之，如何？'乐天因为《长恨歌》，意者不但感其事，亦欲惩尤物，窒乱阶京，垂于将来者也。"

这是关于白居易《长恨歌》创作背景的可靠记录，从这段文字中，我们读到两个关键信息点，其一是地点，其二是时间。地点是仙游寺，时间是元和元年冬十二月。

我们先看看地点仙游寺，为什么三个文人携游仙游寺会谈及李杨之事，我们要先弄清楚仙游寺在哪儿。仙游寺位于周至县城南17公里，与马嵬坡仅一水（渭水）相隔。众所周知马嵬坡是杨玉环死难之地，站在仙游寺上，可以看到一水之隔的马嵬坡，无怪乎三个文士会在这次游玩中谈及李杨之事并相与感慨啦！

我们再看看时间，元和元年冬十二月，这一年，白居易从校书郎任周至县尉，是年，白居易35岁，未婚。

是的，35岁未婚，就算在我们现在，也是大龄剩男了，况且在早婚的古代，这个年龄有的可能已经做爷爷了。白居易身为世家子弟，又有大好前程，为何迟迟未婚呢？这里就不得不说说白居易的爱情（初恋）了。

什么？白居易还有初恋？

是的，没错，白居易也有初恋，而且是白居易前半生心心念念的女子。

白居易一生中一段刻骨铭心的爱情往事与一个名叫湘灵的女子有关。

一切都要从白居易11岁时说起，当时白居易家乡战乱，他的母亲就带着他来到了父亲白季庚做官的地方——徐州符离。这时候，白居易与小他4岁的邻家妹妹湘灵初相识，这时候的两人，还谈不上爱情，只能说是青梅竹马的玩伴。

时光流转，从两小无猜到了情窦初开，白居易19岁、湘灵15岁，这时候的两个人开始恋爱并不属于早恋，古代这已是可以成婚的年龄了。白居易有一首诗描写湘灵：

娉婷十五胜天仙，

白日姮娥旱地莲。

何处闲教鹦鹉语，

碧纱窗下绣床前。

——白居易《邻女》

诗中可见白居易对湘灵的喜欢。温文尔雅的少年，青春貌美的女子，似乎这爱情猝不及防。

然而，这份爱情遭遇了千百年来很多恋人无法逾越的障碍：门第之限。爱情可以不问出身，只需看见彼此眼中浓烈的爱恋足矣，但婚姻却需要讲求门当户对。

白居易出身于仕宦之家，白居易的高祖、曾祖、祖父都曾为官，父亲曾为朝奉大夫、襄州别驾、大理少卿。而湘灵却出身于平民，属于普通老百姓家庭，是的，这就是大唐版的灰姑娘爱情。

因为二人出身于不同的阶层，白居易的母亲坚决反对，白居易 22 岁时写过一首《潜离别》，诗中写道：

不得哭，潜离别。

不得语，暗相思。

两心之外无人知。

深笼夜锁双飞鸟，

利剑春断连理枝。

河水虽浊有清日，

乌头虽黑有白时。

惟有潜离与暗别，

彼此甘心无后期。

这首诗里，我们读到了白居易的痛苦和无奈。一边是自己深爱的姑娘，一边是门第观念的阻隔。

白居易 27 岁时，父丧期满，他离开符离去江南投奔叔父白季康。对于恋爱中的人而言，越是离开越会思念，这一路白居易更加思念湘灵，于是，在这奔波的路上，他写了三首与湘灵有关的诗，分别是《寄湘灵》《寒闺夜》和《长相思》。

> 泪眼凌寒冻不流，
>
> 每经高处即回头。
>
> 遥知别后西楼上，
>
> 应凭栏干独自愁。
>
> ——《寄湘灵》

这首诗写两人分别之后，诗人泪眼蒙眬，每经高处即登高回望，遥寄相思；诗人又猜想别后的湘灵，也应是临轩远望思念忧愁。

《寒闺夜》则是推想寒夜香闺之中的女子孤独难眠思念泪流，白居易以写对方的思念来表达自己的思念。

> 夜半衾裯冷，孤眠懒未能。
>
> 笼香销尽火，巾泪滴成冰。
>
> 为惜影相伴，通宵不灭灯。
>
> ——《寒闺夜》

最让人感慨的是《长相思》：

> 九月西风兴，月冷霜华凝。
>
> 思君秋夜长，一夜魂九升。
>
> 二月东风来，草坼花心开。

思君春日迟，一日肠九回。

妾住洛桥北，君住洛桥南。

十五即相识，今年二十三。

有如女萝草，生在松之侧。

蔓短枝苦高，萦回上不得。

人言人有愿，愿至天必成。

愿作远方兽，步步比肩行。

愿作深山木，枝枝连理生。

——《长相思》

"愿作远方兽，步步比肩行。愿作深山木，枝枝连理生"，这样的美好心愿与《长恨歌》里"在天愿作比翼鸟，在地愿为连理枝"异曲同工。

"慈恩塔下题名处，十七人中最少年。"时年29岁的白居易进士及第，春风得意。完成了"金榜题名"的白居易期盼完成"洞房花烛夜"的人生大事，他回到符离，想与湘灵成亲。如果说白居易之前不能说服母亲，那么，进士及第的他更加无法说服母亲。因为此时，白居易和湘灵之间的门第之差非但没有消退，反而更加悬殊了。白居易已是有功名在身前途无限，而湘灵依然是普通人家的女子。

所以，结局可想而知，白居易没能跨越这门第之限。然而，白居易依然在抗争，与母亲抗争，也与门第观念抗争。

白居易33岁时，在长安作校书郎，他在长安买了宅邸，要安家于长安。于是，白居易再次回到符离，恳求母亲同意他与湘灵的婚事，并一起搬往长安。白居易知道，一旦这次错过，可能以后再无希望。然而，母亲依然态度强硬地反对这门婚事。全家迁往长安时，白居易甚至都无法与湘灵见上一面。

痛苦而深情的白居易，开始用自己的方式倔强地抗争，面对母亲的反对，他选择非她不娶。于是，白居易35岁依然未婚。而且，此时，他还在思念着湘灵，写了《冬至夜怀湘灵》《感秋寄远》和《寄远》遥寄相思。

当然，因为和白居易的这段感情，湘灵也半世蹉跎。

在陈鸿的《长恨歌传》里，我们注意到王质夫的这句话："乐天深于诗，多于情者也。"其中的"多于情"，说的就是白居易这段刻骨铭心的爱恋。

所以，经历着爱和分离的白居易在写《长恨歌》时，面对李杨爱情的悲剧，感念有情人不能长相厮守，难免感同身受，心有戚戚然。

在《长恨歌》里，白居易笔下的"杨家有女初长成"，谁又能说不是那个"娉娉十五胜天仙"的女子？

在《长恨歌》里，白居易喊出"在天愿作比翼鸟，在地愿为连理枝"的时候，谁又能说不是他对自己爱情的誓言?

当然,正如《长恨歌》里深深的伤感和遗憾,白居易的爱情往事也一样有着"天长地久有时尽,此恨绵绵无绝期"的伤与痛……

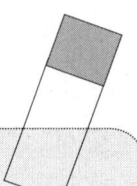

> **文学小贴士:**
>
> 白居易(772－846),字乐天,晚号香山居士、醉吟先生,祖籍太原(今山西太原),其曾祖父时迁居下邽(今陕西渭南),白居易生于河南新郑。白居易是唐代伟大的现实主义诗人,与元稹共同倡导新乐府运动,主张"文章合为时而著,歌诗合为事而作",二人合称"元白"。
>
> 白居易的诗分为讽喻、感伤、闲适、杂律四大类,诗风浅切平易,通俗易懂,有"诗魔""诗王"之称。有《白氏长庆集》,代表诗作有《长恨歌》《卖炭翁》《琵琶行》等。

21. 白居易《长恨歌》的主人公：
汉皇重色与杨家有女

我们前面讲了藏在《长恨歌》里的白居易的爱情往事，不一样的文学课将再带你去解析《长恨歌》中的主人公——

我们知道《长恨歌》的主人公是李隆基与杨玉环，为了避讳及表达主题的需要，白居易分别对两个角色进行了艺术加工，我们且就这两个角色形象进行分析，进一步体会白居易在《长恨歌》中所表达的"此恨绵绵无绝期"。

首先，我们来看《长恨歌》的男主——李隆基。白居易在《长恨歌》中对李隆基的正面描写不多，大部分篇幅是通过他的心情描写塑造其形象，但开篇第一句"汉皇重色思倾国，御宇多年求不得"，这是我们男主登场的第一个形象展示。通过这句描写，我们看到一个重色的皇帝，一个求色的皇帝，"求不得"里既有过程又有结果。一个富有天下的皇帝，一个御宇多年的皇帝，想要求得一个绝世美人却不得，这里有遗憾，也有无奈。当然，这是为后来我们女主的出场做的铺垫。

历史上的李隆基其实是一个非常成功的话题人物，他励精图治创造了大唐王朝的开元盛世，是一个大治的皇帝；他又荒淫误国导致了大唐王朝的安史之乱，是一个大乱的皇帝；他的业余爱好是音乐，他组建了梨园，成为一个行业的祖师爷；他的爱情又惊天动地，让数代人为之感慨唏嘘。无论从哪一个方面，李隆基都让人有话可说，无怪乎"白头宫女在，闲坐说玄宗"了。

白居易在《长恨歌》中，只抓住了李隆基的一个方面——他和杨玉环的爱情故事进行描述，为我们塑造了一个重色多情的皇帝形象。在诗文的前半部分，杨玉环入宫之后，我们基本看不到对李隆基的描写，只是在"从此君王不早朝"里，我们看到了李隆基的耽溺女色，这其实还是在说明他的"重色"。后半部分，杨玉环香消玉殒之后，我们看到对李隆基的描写较多，"君王掩面救不得，回看血泪相和流""圣主朝朝暮暮情""行宫见月伤心色，夜雨闻铃肠断声""东望都门信马归""芙蓉如面柳如眉，对此如何不泪垂""孤灯挑尽未成眠"等描写中，我们看到的是李隆基的多情，一个重情的皇帝对故人的念念不忘、朝思暮想。包括最后一部分临邛道士的出现也是"为感君王辗转思"，道士觅魂中，依然可见的是李隆基的重情。

总之，在白居易对李隆基的描写中，我们可以看到一个重色重情的皇帝，这就是我们的男主。

其次，我们再来看看《长恨歌》的女主——杨玉环。白居易对杨玉环的描写同样用了曲笔的手法，在交代她的出身时，我们看到的是"杨家有女初长成，养在深闺人未识"。当然，我们知道，事实是杨玉环遇见李隆基时已是寿王李瑁的妃子，所以，李隆基是父夺子妻。但，白居易这样的描写无异于为李隆基和杨玉环洗污，他给了女主人公一个纯洁美好的出身。在下文"天生丽质难自弃，一朝选在君王侧"的描写中，一个"选"字，可谓煞费苦心，"选"字有三层用意：其一，杨玉环和其他嫔妃一样是经过层层选拔入宫的，为杨玉环正名，说明她出身纯洁，遴选而出；其二，杨玉环的美是经得起层层筛选的，突出杨玉环的美；其三，抹去李隆基父夺子妻的事实，为尊者讳。至此，我们看到的女主人公杨玉环是一个出身纯洁、天生丽质的女子，是一个可以称得上"倾国"的女子，和开篇交代的男主人公苦苦寻觅多年求而不得的形象是一致的，一个重色的皇帝，一个有色的妃子，她的入选，满足了男主人公御宇多年的夙愿。

　　白居易在对杨玉环的描写中着重突出了她的特点——色，即美貌。杨玉环入选之后，我们看到大量的篇幅都在描写她的美貌，"回眸一笑百媚生，六宫粉黛无颜色""温泉水滑洗凝脂""侍儿扶起娇无力""云鬓花颜金步摇"。还有一些侧面的描写，也是凸显杨玉环的美貌的，比如：

　　　　后宫佳丽三千人，三千宠爱在一身。

　　　　金屋妆成娇侍夜，玉楼宴罢醉和春。

姊妹弟兄皆列土,可怜光彩生门户。

遂令天下父母心,不重生男重生女。

诸如此类,从李隆基对杨玉环的宠爱至极中,我们可以看到杨玉环的美。

白居易在诗中对杨玉环的另一个特点也进行了描写,就是德,即专情。我们在诗的前半部分看不到这些,但在悲剧发生时及发生之后可以读到。在马嵬兵变时,在兵将们把杨玉环视为"祸首"要求将其处死时,面对君王的"江山情重美人轻",只是透过"宛转蛾眉马前死"可以读出她的委屈,但她没有怨恨君王负前盟。在仙山寄词部分,道士寻觅到升仙的玉真仙子时,从"九华帐里梦魂惊"看到她闻听君王遣使求见时的震惊;从"花冠不整下堂来"看到她迫切去见使者的急不可待;从"玉容寂寞泪阑干,梨花一枝春带雨"看到她的寂寞与伤感;从"昭阳殿里恩爱绝,蓬莱宫中日月长"看到她的度日如年。这些都表现出杨玉环对李隆基的思念与念念不忘。在"含情凝睇谢君王"一句中,一个"谢"则显现出杨玉环的德行,对于君王托使者来觅,她始料未及,她感怀万千,不念旧恨。这些都显示出她的另一种美——不怨。

所以,在《长恨歌》中,杨玉环是一个天生丽质、冰清玉洁的女子,她有情有义有德,对君王专情,这就是我们的女主。

综上我们可以看到,在白居易的笔下,男主人公李隆基是"汉皇重色"——一个重色重情的皇帝,女主人公杨玉环是"天生丽质"——一个有色有情的妃子。

鲁迅先生说,悲剧就是将美好的东西打碎了给人看。在白居易的描写中,两个主人公之间的情感是绝美的,所以,当主人公生离死别时,我们才感受到悲剧的力量,我们才为之感慨唏嘘,我们才会觉得"此恨绵绵无绝期"!

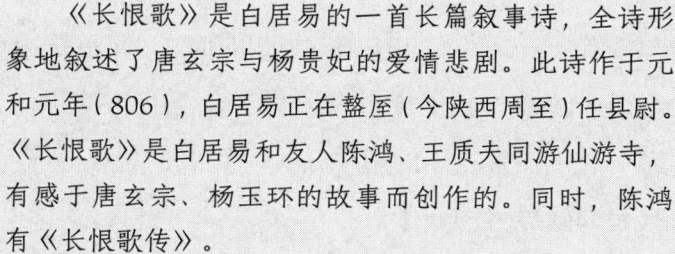

文学小贴士:

《长恨歌》是白居易的一首长篇叙事诗,全诗形象地叙述了唐玄宗与杨贵妃的爱情悲剧。此诗作于元和元年(806),白居易正在盩厔(今陕西周至)任县尉。《长恨歌》是白居易和友人陈鸿、王质夫同游仙游寺,有感于唐玄宗、杨玉环的故事而创作的。同时,陈鸿有《长恨歌传》。

22. 元稹：曾经的沧海水和巫山云

你可能不熟悉元稹的名字，但有一句诗你应该熟悉，那就是"曾经沧海难为水，除却巫山不是云"。不错，这句诗是元稹写的。不一样的文学课将带你去认识他曾经的沧海水与巫山云——

元稹，字微之，河南洛阳人，北魏宗室鲜卑拓跋部后裔。元稹与白居易同科及第，结为终生诗友，共同倡导新乐府运动，世称"元白"，开创了"元和体"。元稹是中唐文坛"新乐府运动"的倡导者和领导者，更有评论称，元稹在中唐文坛主盟者之一的地位是无可置疑的。

听起来好厉害的样子！

这些都不是我们今天的重点，今天，我们主要来认识一下元稹的沧海水和巫山云。

沧海水和巫山云，当然是指元稹在《离思》中所表达的款款深情，这首诗原文如下：

曾经沧海难为水，

除却巫山不是云。

取次花丛懒回顾,

半缘修道半缘君。

——《离思》

这是元稹悼念妻子韦丛的诗句,曾经见过波澜壮阔的大海水,其他的水都微不足道;见过云蒸霞蔚的巫山云,别处的云也就黯然失色。现在经过花丛都懒得回头去看,一半是因为我在修道,一半是因为你。

"沧海水""巫山云",可以说是人世间至大至美的意象,沧海水之深广,巫山云之美妙,不言而喻。元稹用这两个意象比喻自己与妻子韦丛之间的感情,让我们生出很多美好的想象,这该是多么让人羡慕的神仙眷侣呀!

然而,现实却很打脸。

元稹的爱恋,五彩斑斓。我们也开开眼界,来认识一下元稹的沧海水和巫山云——

崔双文:21—23岁时的初恋,是元稹的表妹,也是《莺莺传》里崔莺莺的原型,是元稹考中进士之前的恋人。元稹在《莺莺传》里写道,莺莺曾赠玉环与张生定情,"玉取其坚润不渝,环取其始终不绝",对张生矢志不渝。从《莺莺传》里可以看出,其原型崔双文才貌双全,然家世没落。

韦丛:24—31岁时娶的妻子,是京兆尹、太子少保(三品大员)韦夏卿之女。对于元稹而言,这桩婚姻是政治婚姻,他需要的是姻亲关系。陈寅恪先生在《元白诗笺证稿》

里提到:"若莺莺果出高门甲族,则微之无事更婚韦氏。"所以,元稹看重韦丛的主要是她的高门出身。但在婚后生活中,元稹发现这个他原本只图其背景的妻子,竟然非常贤惠,知书达理,与自己患难与共,他简直是捡到宝了。韦丛去世之后,元稹写过N多悼念韦丛的诗篇,如《遣悲怀三首》《离思五首》等,都是情真意切。

遣悲怀三首

其一

谢公最小偏怜女,嫁与黔娄百事乖。

顾我无衣搜荩箧,泥他沽酒拔金钗。

野蔬充膳甘尝藿,落叶添薪仰古槐。

今日俸钱过十万,与君营奠复营斋。

其二

昔日戏言身后意,今朝都到眼前来。

衣裳已施行看尽,针线犹存未忍开。

尚想旧情怜婢仆,也曾因梦送钱财。

诚知此恨人人有,贫贱夫妻百事哀。

其三

闲坐悲君亦自悲,百年都是几多时。

邓攸无子寻知命，潘岳悼亡犹费词。

同穴窅冥何所望，他生缘会更难期。

惟将终夜长开眼，报答平生未展眉。

薛涛：30岁时的艳遇，才女，诗人。元稹在监察御史期间出使东川时认识了薛涛，这个时候，韦丛尚在世。与薛涛的相处对于元稹而言，就是出差时的一段艳情，但对于薛涛来讲，这却是一段刻骨铭心的爱恋。据说薛涛时时处处心生思念，就随手写下来寄给元稹，为此，专门制作了一种便笺纸，也就是后世所说的"薛涛笺"。别后，元稹也曾写诗给薛涛以寄托相思：

寄赠薛涛

锦江滑腻蛾眉秀，幻出文君与薛涛。

言语巧偷鹦鹉舌，文章分得凤凰毛。

纷纷辞客多停笔，个个公卿欲梦刀。

别后相思隔烟水，菖蒲花发五云高。

安仙嫔：32—35岁的续娶，谏议大夫李景俭的表妹。元稹31岁丧妻（韦丛去世），次年，他就续娶了安仙嫔。看着《遣悲怀》里"惟将终夜长开眼，报答平生未展眉"，我以为他不会再续娶，然而，也只是我以为而已。元稹与安仙嫔三年夫妻之后，安仙嫔病逝。再次遭遇丧妻之痛的元稹为安仙嫔提笔写了墓志铭《葬安氏志》：

予稚男荆，母曰安氏，字仙嫔，卒于江陵之金隈乡庄敬坊沙桥外二里妪乐之地焉。始辛卯岁，予友致用悯予愁，为予卜姓而授之，四年矣。供侍吾宾友，主视吾巾栉，无违命。近岁婴疾，秋方绵瘤，适予与信友约浙行，不敢私废，及还，果不克见。大都女子由人者也，虽妻人之家，常自不得舒释，况不得为人之妻者，则又闺衽不得专妒于其夫，使令不得专命于其下，外已子，不得以尊卑长幼之序加于人，疑似逼侧，以居其身，其常也。况予贫，性复事外，不甚知其家之无，苟视其头面无蓬垢，语言不以饥寒告，斯已矣。今视其箧笥，无盈丈之帛，无成袭之衣，无帛里之衾，予虽贫，不使其若是可也，彼不言而予不察耳，以至于其生也不足如此，而其死也大哀哉！稚子荆方四岁，望其能念母亦何时？幸而立，则不能使不知其卒葬，故为志且铭。铭曰：复土之骨，归天之魂。亦既墓矣，又何为文。且曰有子，异日庸知其无求墓之哀焉。

裴淑：37岁时的续娶，山南西道涪州刺史裴郧之女。二度丧妻之后的元稹，仅仅隔了一年多的时间，就又续娶了名门闺秀裴淑。婚后，元稹调离通州，二人聚少离多。元稹有诗赠裴淑希望她能随自己赴任：

赠柔之

穷冬到乡国，正岁别京华。

自恨风尘眼，常看远地花。

碧幢还照耀，红粉莫咨嗟。

嫁得浮云婿，相随即是家。

裴淑有诗唱和，以此也可看出裴淑也是有才情的女子：

答微之

侯门初拥节，御苑柳丝新。

不是悲殊命，唯愁别近亲。

黄莺迁古木，朱履从清尘。

想到千山外，沧江正暮春。

而后，元稹迁浙东，裴淑仍不愿前往，元稹又写诗相劝：

初除浙东，妻有阻色，因以四韵晓之

嫁时五月归巴地，今日双旌上越州。

兴庆首行千命妇，会稽旁带六诸侯。

海楼翡翠闲相逐，镜水鸳鸯暖共游。

我有主恩羞未报，君于此外更何求？

刘采春：44—52岁时的艳遇，江南才女，诗人，歌女。823年，元稹任越州刺史、浙东观察使时，遇到了江南才女刘采春。这时候，才女诗人薛涛还在眼巴巴地等着元稹接她到身边呢。元稹与刘采春相遇后，刘采春如飞蛾扑火般投身于这场爱恋之中,然而随着元稹的升迁离开浙东,这场艳遇也就无疾而终。据传,被元稹抛弃的刘采春后来投河自尽了。元稹寄赠刘采春的诗里,也依稀可见刘采春的风采:

赠刘采春

新妆巧样画双蛾,谩里常州透额罗。

正面偷匀光滑笏,缓行轻踏破纹波。

言辞雅措风流足,举止低回秀媚多。

更有恼人肠断处,选词能唱望夫歌。

以上的这几位,都是元稹的沧海水和巫山云,仅仅就这几位,那是因为元稹于831年去世了,享年53岁。

说到这里,我们不免想送一个"渣男"的名号给元稹,大唐第一渣男。

当然,不可否认,当元稹写《离思》时,那一刻,他的心中只有韦丛;那一刻,她是他的沧海水、巫山云。

然而,也仅仅是那一刻而已……

文学小贴士：

元稹（779-831），字微之，别字威明，河南洛阳人，唐代文学家。元稹与白居易同科及第，为终生诗友，二人同倡新乐府运动，共创"元和体"，世称"元白"。其乐府诗创作受到张籍、王建的影响，"新题乐府"直接缘于李绅。元稹现存诗八百三十余首，有《元氏长庆集》传世。

23. "恨不相逢未嫁时"的并不是节妇

"还君明珠双泪垂,恨不相逢未嫁时"出自唐代诗人张籍的一首乐府诗,不一样的文学课将带你解析这首《节妇吟》——

节妇吟

君知妾有夫,赠妾双明珠。

感君缠绵意,系在红罗襦。

妾家高楼连苑起,良人执戟明光里。

知君用心如日月,事夫誓拟同生死。

还君明珠双泪垂,恨不相逢未嫁时。

这首诗描述了一个已婚女子婉言拒绝追求者的故事。面对追求者,女子情意款款,将男子赠送的双明珠系在自己的襦裙上;虽说君心如日月,奈何妾意在夫君。交还双明珠(信物)时,女子泪眼婆娑,甚至说出了自己的遗憾,遗憾不能与君相逢在未嫁之时,也就是相逢恨晚的意味。

然而,这只是字面意思而已。这首诗的作者张籍是个男子，唐代诗人，韩愈的大弟子。那么，诗以言志，张籍写这首《节妇吟》想表达什么呢？难道只是赞美节妇的坚贞节操吗？

NO，当然不是啦！这首诗还有一个版本，标题下还有文字"寄东平李司空师道"。也就是说，这首诗是寄给李师道（另一个男人）的。难不成张籍与李师道之间有什么暧昧？

呵呵，你想多了。

张籍与李师道之间是有点事儿，但却不是二人私事。

李师道何许人也？据《旧唐书·李师道传》可知，李师道是平卢淄青节度使，可谓一方封疆大吏，唐代藩镇割据，李师道雄踞一方，曾经也是炙手可热，极力拉拢文士和官员。从张籍的《节妇吟》可推测，李师道曾向张籍投去橄榄枝示好，有笼络之意。张籍在这首极尽婉约的乐府诗中，以一个女子的口吻，委婉地表达了自己的拒绝之意。既表明了自己的严正立场，也不至于让对方过于难堪，毕竟李师道是张籍不愿也不敢得罪的人物。由此也不得不感慨，张籍的情商真的很高！

这首《节妇吟》细腻委婉，尤其是那句"恨不相逢未嫁时"曾打动无数人，相遇恨晚，纵然情深，奈何缘浅，让人无限惋惜。

与张籍《节妇吟》相类似的，还有一首比较有趣的诗《近试上张水部》。这次换了抒情对象，《近试上张水部》

是朱庆馀写给张籍的：

> 洞房昨夜停红烛，
>
> 待晓堂前拜舅姑。
>
> 妆罢低声问夫婿，
>
> 画眉深浅入时无？

这首诗字面上写了一个新娘子早起要去拜见公婆，梳妆之后低声问夫婿，自己的妆扮是否合适。

但我们看标题就知道，这是一首行卷诗，是朱庆馀去参加科举考试之前写给水部侍郎张籍的。朱庆馀自比为新妇，其实是想问问张籍，自己的文章是否符合主考官的口味，委婉地表达了自己的不安。

当然，张籍也回了一首《酬朱庆馀》给他：

> 越女新妆出镜心，
>
> 自知明艳更沉吟。
>
> 齐纨未是人间贵，
>
> 一曲菱歌敌万金。

张籍在这首酬答诗中，巧妙地把朱庆馀比作一位越地的采菱女子，容颜娇美明艳，歌声美妙，必然会一曲敌万金，一鸣惊人。所以，张籍暗示朱庆馀打消顾虑，安心应试，不必为这次考试担心。

张籍《节妇吟》和朱庆馀《近试上张水部》的写法，在古诗中较为常见，往远了追溯，其实就是《诗经》里的比兴手法。

"比者，以彼物比此物也。"

"兴者，先言他物以引起所咏之辞也。"

——朱熹《诗集传》

《楚辞》中美人香草的比拟也是此类手法，在《楚辞》中，常是以男女之爱来喻指君臣朋友之间的情谊。《离骚》与《九章》中多次提到"美人"，有时是指君主，有时是指屈原自己。

"惟草木之零落兮，恐美人之迟暮。"

"众女嫉余之蛾眉兮，谣诼谓余以善淫。"

《楚辞》中写草木的地方也很多。《离骚》中"杂申椒与菌桂兮，岂惟纫夫蕙茝"，是用香草（椒、桂、蕙、茝）隐喻贤臣；"余既滋兰之九畹兮，又树蕙之百亩。畦留夷与揭车兮，杂杜衡与芳芷"，是用种植香草（兰蕙、留夷）喻指培育人才。诸如此类，美人香草的含义比较丰富。美人香草也成为中国文学史上最著名的原型意象之一。

古代很多诗人在描述不便明言或另有深意的事件时，常常喜欢借用男女情事来表达，比如李商隐的很多无题诗大多都有较深的寄寓。

总之，在我们读到古诗词时，不要仅仅从字面上去理解，而应该知人论世，结合诗人的生平经历和作品创作的时代背景去理解。

诗歌是诗人、世界、读者之间的互动构建，一首诗歌只有在读者这里才能得到落实并呈现意义。从传播的角度来讲，读者就是受众，是信息传播的接收者，同时，又成为下一条信息的传播者，作为读者，我们会制造自己在文本中看到的一切。没有我们的参与，这个作品就与我们毫无关联。所以，我们的解读至关重要。

当然，诗无达诂，我们在读诗词的时候，也可以结合自己的心境去感悟，比如这句"恨不相逢未嫁时"，若你也有一段情深缘浅的相遇，你会觉得这句话恰如其分，你会觉得这表达恰到好处。

不管是节妇，还是张籍，这首《节妇吟》所表达的都是一份身不由己的相见恨晚，都是一份矢志不渝的意志坚决，更重要的，这份婉言拒绝还是一个高情商的典范。

下次拒绝别人，你学会怎么说了吗？

文学小贴士：

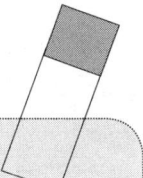

张籍（768-约830），字文昌，唐代诗人，原籍吴郡（今江苏苏州），后移居和州乌江（今安徽和县乌江镇）。历任太常寺太祝、国子助教、国子博士、水部员外郎、主客郎中、国子司业等职，世称"张水部""张司业"。

张籍是韩愈的门生，与李绅、元稹、白居易交游甚密，是新乐府运动的倡导者和参与者。张籍的乐府诗与王建齐名，并称"张王乐府"。代表作有《秋思》《节妇吟》《野老歌》等。

24. 李商隐：情到深处是无题

晚唐，"夕阳无限好，只是近黄昏"。这个时期的诗坛出现了两个较为出名的诗人：杜牧和李商隐，后人称为"小李杜"。杜牧，在咏史中怀古伤今；李商隐，在爱情中言志言情。

"春蚕到死丝方尽，蜡炬成灰泪始干。"

"何当共剪西窗烛，却话巴山夜雨时。"

"此情可待成追忆，只是当时已惘然。"

这些都是晚唐诗人李商隐的名句，不一样的文学课将带你解读李商隐的无题诗——

对，就是无题，你可能觉得诧异，无题，不是没有题目吗？怎么能做题目呢？

还有这种操作？！

是的，用"无题"做题目，是李商隐的首创。"无题"意思就是没有题目，用"没有题目"做题目，似乎有些不合常规。

为什么用"无题"做题目呢？这里大致有两个原因：第一，诗中所要表达的内容不便于明说，不想让别人太过明白自己的意图，于是用"无题"掩饰；第二，诗中有较为复杂的情愫，并非简单的几个字能够概括，或者说内容复杂，难以用一个主题涵盖，于是用"无题"概述。鉴于以上两点，李商隐用了"无题"作为诗篇的题目。

李商隐的无题诗包括两类，一种是直接用"无题"作诗名的；一种是以首句中的一个词作为题目的，比如《锦瑟》《碧城》《银河吹笙》《流莺》等。

李商隐的无题诗数量并不多，大致有五十余篇，但以"无题"为代表的爱情诗却是李商隐最著名的作品，是李商隐诗歌独特艺术风格的代表，也是李商隐诗歌中最具艺术魅力的作品。

我们现在来解读一首《无题》，从这首诗，我们赏析一下李商隐无题诗的风貌。

> 相见时难别亦难，东风无力百花残。
>
> 春蚕到死丝方尽，蜡炬成灰泪始干。
>
> 晓镜但愁云鬓改，夜吟应觉月光寒。
>
> 蓬山此去无多路，青鸟殷勤为探看。

这首无题诗比较出名，当然和大部分《无题》一样，这首《无题》的主题描写的也是爱情相思。

这首诗中所写的难分难舍的分离发生在什么季节呢？从"东风无力百花残"这句，我们来分析分析。我们的四季风向和东南西北是相对应的，春天－东风，夏天－南风，秋天－西风，冬天－北风，这和我们处在北半球的地理位置有关。

"东风无力百花残"，春天温暖无力的风吹着，可是百花凋残，由此可知，这是春末夏初，花期已过，百花自然凋落。但这自然而然的现象，在诗人眼中却是无可奈何花落去，无力挽回，无可挽回。就在这纷纷花落的季节里，主人公与心上人难分难舍地挥手作别，别离如同花落，一样的让人哀伤，一样的让人无可奈何。

"春蚕到死丝方尽，蜡炬成灰泪始干"，这脍炙人口的诗句，却被千百遍地误读着，人们常常把这两句诗作为歌颂具有奉献精神的职业，比如教师，说教师就像春蚕一样，辛勤吐丝，直到生命结束丝才吐尽，教师就像蜡烛一样，燃烧自己，照亮别人。可是，我却想说，这并非李商隐的本意。

李商隐这首诗说的是爱情，这两句自然不能例外。这里的"丝"是"思"的谐音，表达的是思念，"泪"，表达的是痛苦。如果说是歌颂教师，那么"泪"就无法解释了，奉献的蜡炬，那么高尚地燃烧自己照亮别人，为何有泪？其实，李商隐这两句诗说的是：我对你的思念就如同春蚕吐丝一般，至死方休；因为思念而产生的痛苦就如同蜡炬燃烧，不灭不休。

所以，这里李商隐所说的是因为爱而产生的思念和痛苦，都是终生以随，至死方休的。

李商隐的无题诗，大多是以爱情、相思为题材的，哀婉缠绵，典雅精丽。

有人说李商隐的《无题》多有托喻或本事，我想不必考证，亦不需句句推敲，梁启超先生曾经说过这样一段话：

> 义山的《锦瑟》《碧城》《圣女祠》等诗，讲的什么事，我理会不着。拆开一句一句叫我解释，我连文义也解不出来。但我觉得它美，读起来令我精神上得一种新鲜的愉快。须知美是多方面的，美是含有神秘性的。
>
> ——梁启超《饮冰室文集·中国韵文内所表现的情感》

我们只需认可李商隐的诗是美的，哪怕是一种神秘的美，哪怕是一种晦涩的美。

人们常常认为李商隐诗意隐晦难解，"诗家总爱西昆好，独恨无人作郑笺"。其实，难解的不是李商隐的诗篇，是李商隐心中的伤痛。那么，我们一起去了解一下李商隐的伤与痛吧。

李商隐是个地道的郑州人，虽然他的祖先居于河内（今河南沁阳），但从其祖父起就迁居郑州了，李商隐生在郑州，死在郑州，现在郑州西郊还有一个李商隐公园。

李商隐，字义山，号玉谿生，又号樊南生。生于812年，卒于858年，这位只有47岁寿命的诗人，却经历了晚唐的宪宗、穆宗、敬宗、文宗、武宗、宣宗六朝。从李商隐这里，我们也可以旁窥晚唐政坛的不稳定。

　　晚唐，政权更迭频繁，宦官专权，皇帝的更换与生杀掌握在宦官手中，宪宗为宦官陈宏志所杀，敬宗为宦官刘克明所杀，穆宗为宦官所立，文宗为宦官所立，文宗朝最出格的就是"甘露之变"，宦官仇士良杀宰相之下六百余朝官。

　　这就是李商隐所处的时代。

　　除了宦官专权，还不得不提一个困扰晚唐近半个世纪的政治现象——牛李党争，因为这场党争与李商隐有着直接的关系。

　　牛李党争，缘于牛僧孺与李德裕之间的矛盾，牛僧孺参加科举之时，李德裕的父亲李吉甫是当时的宰相，因为牛僧孺等人在考卷里批评朝政和宰相，宰相李吉甫要求皇帝严惩他们。结果是两败俱伤，牛僧孺等人未被提拔，李吉甫被贬官。

　　两个人之间的矛盾又是如何成为党争的呢？因为牛李党争实为庶族与士族的斗争，即牛僧孺代表的出身庶族的寒门士子与李德裕代表的世代为官的权贵士族之争。

　　这场党争早在李商隐出生之前便已开始，李商隐从未想过参与进去，他自认无门无派，无党无争。但牛李党争不是站队，只用出身自动归属，寒门出身即是牛党，权贵豪门便是李党。

李商隐少年聪慧，早年即得到当时宰相令狐楚的赏识，令狐楚将李商隐留在府中读书，并亲自教授李商隐。令狐楚是当时四六骈文的高手，李商隐后半生谋生的手段都是从令狐楚那里学来的，李商隐私底下喊令狐楚为"师丈"。令狐楚去世前的最后一封奏表就是委托李商隐代为起草的，可见令狐楚对李商隐的信任。

仕宦之年，李商隐进入泾原节度使王茂元的幕府，王茂元爱其才，便以女妻之。于是，李商隐便成了泾原节度使王茂元的上门女婿。

李商隐早年受知于宰相令狐楚，后又是泾原节度使王茂元的女婿，在这两个强大势力的支撑下，应该说李商隐会有一个大好前程，但是，李商隐一生辗转幕府之间，沉居幕僚。究其原因，就在于他背后的这两大支撑。他把自己置于牛李党争的夹缝之中，令狐楚属于牛党，王茂元属于李党，李商隐出自牛党，又投身李党，便成为牛李党争的牺牲品，终其一生，沉居下僚。故而，李商隐的仕途便是在牛李党争的夹缝中艰难求生存。

如果仕途艰难爱情美满，那么李商隐的内心还会得到一丝慰藉。然而，李商隐的爱情更是他心中无以言说的痛。当代学者苏雪林在《玉溪诗谜》中曾据李商隐的诗考证出几段李商隐的爱情往事。据说，与李商隐有感情纠葛的女子有：荷花、柳枝、锦瑟、宋华阳、王氏等。

荷花，据说是李商隐早年青梅竹马的未婚妻，未成人便夭亡，少年丧失爱人的伤痛成为李商隐心中无法抹去的荫翳。柳枝，据说是洛阳城中一个富商的女儿，喜欢李商隐，主动约会李商隐，但李商隐爽约未至，后来柳枝被一个权贵收为妾，结局不好，李商隐常常为此自责悔恨，柳枝的命运让李商隐背负了一份沉重的精神枷锁。锦瑟，据说是令狐楚的一个侍女，和李商隐日久生情，但令狐楚坚决不同意二人交往，将他们生生拆散，与锦瑟的过往成为李商隐心中惘然的叹息。宋华阳，据说是一个女道士，是李商隐早年在青城山学道时的道友，两人的恋爱不为世俗和教义所允许，对宋华阳的思念成为李商隐终生以随的痛苦。王氏，王茂元的女儿，李商隐的妻子，二人伉俪情深，但王氏的早逝让李商隐常常有梧桐半死的哀伤。总之，这些感情无一善终，皆成伤痛。

仕途失意，爱情成殇，凡此种种，皆为哀伤，这也许就是李商隐英年早逝的原因吧！

李商隐用他的笔写着他的情、他的爱，为我们留下一首首哀婉凄绝的诗篇。

在李商隐的无题诗中，除了"相见时难别亦难"的伤痛，还有"良辰未必有佳期"的感伤，"昔年相望抵天涯"的感叹，"不知身属冶游郎"的羞怯，"何处西南任好风"的感慨，"心有灵犀一点通"的感动，"一寸相思一寸灰"的煎熬，

"更隔蓬山一万重"的遗憾,"未妨惆怅是清狂"的叹息,"只是当时已惘然"的无奈。每一首《无题》,都是一份低回的心语;每一首《无题》,都是一段哀婉的心事。

诗到哀婉是《无题》,情到深处是《无题》。

文学小贴士:

李商隐(812-858),字义山,号玉谿生、樊南生,祖籍怀州河内(今河南省沁阳市),祖父辈迁居河南郑州。文宗开成二年(837)进士,后任秘书省校书郎,调弘农尉。其后辗转于各藩镇幕府做幕僚。李商隐因早年曾受知于牛党令狐楚,后又入李党王茂元幕府并成为他的女婿,于是深陷牛李党争,沉居下僚,抑郁不得志。李商隐是晚唐著名诗人,与杜牧齐名,并称"小李杜"。其诗歌语言凝练而丰富,意境朦胧,诗风富艳精工,深情绵邈。

25. 千古词帝：李煜

李煜著名的《虞美人》，据传是一首绝命词。不一样的文学课将带你解析千古词帝李煜之死的真相——

春花秋月何时了？

往事知多少。

小楼昨夜又东风，

故国不堪回首月明中。

雕栏玉砌应犹在，

只是朱颜改。

问君能有几多愁？

恰似一江春水向东流。

关于李煜的绝命词《虞美人》，南宋王铚的《默记》里有详细记载：

徐铉归朝，为左散骑常侍，迁给事中。太宗一日问："曾见李煜否？" 铉对以："臣安敢私见之！"上曰："卿第往，但言朕令卿往相见可矣。"铉遂径往其居，望门下马，但一老卒守门。徐言："愿见太尉。"卒言："有旨不得与人接，岂可见也！"铉云："我乃奉旨来见。"老卒往报，徐入立庭下久之。老卒遂入取旧椅子相对。铉遥望见，谓卒曰："但正衙一椅足矣。"顷间，李主纱帽道服而出。铉方拜，而李主遽下阶引其手以上。铉告辞宾主之礼，主曰："今日岂有此礼？"徐引椅少偏乃敢坐。后主相持大哭，及坐默不言。忽长吁叹曰："当时悔杀了潘佑、李平。"铉既去，乃有旨再对，询后主何言。铉不敢隐，遂有秦王赐牵机药之事。牵机药者，服之前却数十回，头足相就如牵机状也。又后主在赐第，因七夕命故妓作乐，声闻于外，太宗闻之大怒；又传"小楼昨夜又东风"及"一江春水向东流"之句，并坐之，遂被祸云。

这则笔记里记载，李煜归宋后，宋太宗曾派南唐旧臣徐铉去见李煜，二人提及旧事，李煜大哭并对亡国之事有悔意，太宗听说了，很不高兴。又因为七夕李煜与歌妓作乐唱《虞美人》这首词，于是，太宗大怒，在七夕李煜四十二岁生日当天毒杀了他。

那么事实究竟是怎样的呢？

我们去看看正史里怎么说。司马光的《资治通鉴》、李焘的《续资治通鉴长编》、毕沅的《续资治通鉴》中关于李煜之死是这样记载的：

> 壬辰，陇西郡公李煜薨，辍朝三日，赠太师，追封吴王。

马令的《南唐书·后主书》记载：

> 太平兴国三年，公病。命翰林医官视疾，中使慰谕者数四。翌日，薨。

又按《全宋文·卷三十六·徐铉二十二》徐铉所撰李煜的墓志铭《大宋右千牛卫上将军追封吴王陇西公墓志铭并序》：

> 呜呼！阅川无舍，景命不融，太平兴国三年秋七月八日，遘疾薨于京师里第，享年四十有二。皇上抚几兴悼，投瓜轸悲，痛生之不逮。俾殁而加饰，特诏辍朝三日，赠太师，追封吴王，命中使莅葬。凡丧祭所须，皆从官给。

徐铉是李煜旧臣，是当事人，也可以说是见证者，他给李煜写的墓志铭应该是最直接的史料。从这里我们可以看出：一，李煜是病死的，病中太宗还多次派医官前往探看。二，李煜死后，赠太师，追封吴王，太宗悲痛（投瓜轸悲），还辍朝三日。

所有这些证据都指向，李煜之死并不是王铚在《默记》中所说的被毒杀于七夕。宋太宗对李煜的态度，在《宋史》中的记载却恰恰相反，在《宋史·南唐李氏世家》中有这样一段文字：

太宗即位，始去违命侯，加特进，封陇西郡公……太宗尝幸崇文院观书，召煜及刘铱，令纵观，谓煜曰："闻卿在江南好读书，此简策多卿之旧物，归朝来颇读书否？"煜顿首谢。三年七月，卒，年四十二。废朝三日，赠太师，追封吴王。

这里提到，太宗即位之后就将李煜从"违命侯"加特进至"陇西郡公"，并且特许李煜进出崇文院读书。李煜死后，太宗三天未上朝，追赠李煜太师，追封为吴王。

所以，李煜的《虞美人》并不是一首绝命词，也没有所谓的被太宗毒杀之事。

然而，站在公允的角度评价李煜，我们不得不说，李煜作为南唐君王是不称职的。可是，身穿龙袍的他却阴差阳错成为一个出色的词人。

我们常说，男怕选错行，李煜就可谓是一个选错行的人，一个书生误穿了龙袍成了君王。虽然一国之君是无数人梦寐以求的目标，但并不是每个人都适合这个位置，李煜就是一个鲜活的例子。

不过，对于误穿龙袍的词人李煜而言，一国之君的经历，尤其是国破家亡的经历为他的词提供了素材，更增加了悲情。也正因此，李煜亡国之后的词真情流露，更具穿透人心的力量，也成就了李煜千古词帝的地位。

除了《虞美人》之外，李煜后期的词作中，还有一些很绝妙的词：

林花谢了春红,太匆匆。无奈朝来寒雨晚来风。　　胭脂泪,留人醉,几时重?自是人生长恨水长东。

——《相见欢》

无言独上西楼,月如钩。寂寞梧桐深院锁清秋。　　剪不断,理还乱,是离愁。别是一般滋味在心头。

——《相见欢》

帘外雨潺潺,春意阑珊。罗衾不耐五更寒。梦里不知身是客,一晌贪欢。　　独自莫凭栏,无限江山,别时容易见时难。流水落花春去也,天上人间。

——《浪淘沙令》

王国维在《人间词话》中这样评价李煜和他的词:

词人者,不失其赤子之心者也。故生于深宫之中,长于妇人之手,是后主为人君所短处,亦即为词人所长处。主观之诗人,不必多阅世,阅世愈浅,则性情愈真,李后主是也。

词至李后主而眼界始大,感慨遂深,遂变伶工之词而为士大夫之词。

用自己的无限江山,换来这性情愈真的词,这就是千古词帝李煜。

文学小贴士：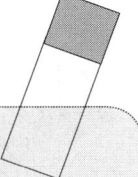

李煜（937-978），初名从嘉，即位时更名为煜，字重光，曾号钟隐、莲峰居士等，生于金陵（今南京），南唐中主李璟第六子。李煜于建隆二年（961）继位，南唐最后一位国君，史称南唐后主、李后主。开宝八年（975），宋军破南唐都城，李煜降宋，被俘至汴京，封为右千牛卫上将军、违命侯。

26. 一代词圣：柳永

北宋初年，在民间的"流行乐坛"（词坛），有一个男神一样的存在，那就是柳永。不一样的文学课将带你去认识这位一代词圣——

我们现在所说的柳永，其实在他风靡大宋的时候，他还不叫柳永，当时他叫柳三变，因为排行老七，又被称作柳七、柳七郎。柳永，是柳三变五十岁之后自己改的名字，确切地说，是柳三变五十一岁时，要去参加恩科考试，改名为"永"，字耆卿。但后世习惯称他后来的名字，柳永。我们在叙述他的前期生活时也姑且按照约定俗成的方式称他柳永吧，虽然，在他前半生里还不知道自己会有这样一个名字。

柳永是北宋第一个专力写词的作家，这意味着什么？别人填词，都是业余爱好，只有柳永是专业作家。柳永少年时常出入烟花柳巷，因为擅长词曲，常常为乐工、歌妓填词作曲，很多词传唱一时。著名的《鹤冲天》就是其中之一：

黄金榜上，偶失龙头望。明代暂遗贤，如何向？未遂风云便，争不恣狂荡？何须论得丧。才子词人，自是白衣卿相。

　　烟花巷陌，依约丹青屏障。幸有意中人，堪寻访。且恁偎红倚翠，风流事，平生畅。青春都一饷。忍把浮名，换了浅斟低唱！

据吴曾的《能改斋漫录》卷十六记载，柳永去赶考的时候（也就是柳永第四次参加科考的时候），这首《鹤冲天》传唱一时，当然也传到了宫中。当时皇帝是宋仁宗，仁宗看到考生名册里柳三变的名字，便问左右，是不是填词的那位，左右都答是，仁宗就很不高兴，"予以黜退"，并专门批示："且去浅斟低唱，何要浮名？"

这也算是因写词惹祸的一桩公案了。柳永当时就给自己取了个号"奉旨填词柳三变"，皇上让我去填词的，我是奉旨行事。当然，这里更多的是自嘲了。但从此，柳永也就无所顾忌地浪迹于烟花酒巷十余年，因为进取的路已经被封死了，连最高统治者都已经批示了，还有什么希望呢！

或许一定意义上，我们要感谢宋仁宗的"慧眼"，一经眼神确认，认定柳永就是填词的材料。

从此，北宋的朝廷里少了一名无关大局的官员，我们的文学史里多了一位不可或缺的词人。

柳永的一些作品写出了他对功名利禄的不屑和鄙弃，

似乎传递出一种狂放和孤傲。然而细细读来，这却不是他的本意，对于功名利禄的蔑视和鄙弃只是他失意之中的自嘲，也是一种无可奈何的玩世不恭，这从他"忍把浮名，换了浅斟低唱"的吟唱中可以看出，一个"忍"字，何其不甘，何其无奈。

封建时期的文人多有"兼济天下"的愿望，也希望通过科举考试实现自己的人生价值，柳永也不例外。他曾经热衷于科举，只是在科举中失利，遭皇帝黜退落榜，他的理想无法实现，转而浪迹于烟花酒巷之间。

柳永一生有五次科考经历：

真宗大中祥符元年（1008），柳三变信心满满去参加科举考试，第一次落榜，这一年他大约26岁；

真宗大中祥符八年（1015），柳三变又一次踌躇满志地去参加科举考试，第二次落榜，这一年他32岁，这一年范仲淹考中进士；

真宗天禧二年（1018），柳三变又又一次参加科举考试，第三次落榜，这一年他35岁；

仁宗天圣二年（1024），柳三变又又又去参加科举考试，第四次落榜，这一年他41岁，这一年宋庠、宋祁同榜登进士第。

仁宗景祐元年（1034），朝廷开恩科，扩大开科取士的名额，也就是扩招了，柳三变更名柳永，参加这次恩科考试，登进士第，这一年他51岁，这一科录取了1641人，史无前例。

也许是录取名额扩大了，柳三变考上了；也许是更名柳永了，柳三变考上了。但不管如何，我们看到，柳永从26岁考到51岁，足以可见他对仕途的执着，我们似乎从柳永身上看到了范进的影子。

柳永考中之后，先后任睦州团练推官、余杭县令、浙江定海晓峰盐场盐监、泗州判官、著作左郎、寄录官、屯田员外郎，都是一些名不见经传的小官，并不显达。

然而柳永的词，尤其是考中之前所写的词，流传十分广泛，相传当时就有"凡有井水饮处，即能歌柳词"（叶梦得《避暑录话》）的说法。据说柳词在当时的"华语乐坛"（词坛）也是非常畅销，乐工、歌妓争相传唱柳词，对于专属定制的曲子，坊间更是有千金难买柳词的共识。坊间传唱：

不愿穿绫罗，愿依柳七哥；

不愿君王召，愿得柳七叫；

不愿千黄金，愿得柳七心；

不愿神仙见，愿识柳七面。

柳词传唱范围较广，在当时的词坛，柳永属于翘楚，以至于苏轼写了《念奴娇·赤壁怀古》之后就问他的幕僚"我词比柳七词如何？"至少说明，在苏轼心中，柳永是写词的专家。

柳永作为一个专业写词的作家，他对宋词的贡献是不可忽略的：

他发展了词的体制，创制出很多新调并创作了大量长调慢词，扩大了词的容量；

他拓宽了词的题材，更多地从都市生活和市民生活入手写词，将词的视野从亭台楼阁转向了都市生活；

他提高了词的写作技巧，白描、铺叙手法的娴熟运用，口语、俚语的大量运用，改变了五代词的绮靡之风。

柳永词中有太多触动我们内心柔软的句子，有太多让我们热泪盈眶的感动：

有"多情自古伤离别，更那堪，冷落清秋节"的凄凉清丽；

有"衣带渐宽终不悔，为伊消得人憔悴"的执着坚韧；

有"今宵酒醒何处，杨柳岸，晓风残月"的孤独寂寞；

有"三秋桂子，十里荷花"的承平气象；

有"渐霜风凄紧，关河冷落，残照当楼"的世事沧桑；

有"想佳人妆楼颙望，误几回、天际识归舟"的羁旅愁思；

还有"是处红衰翠减，苒苒物华休"的流光似梦。

柳永，柳三变，柳七郎，北宋初年一个"奉旨填词"的专业词人，一个凡尘之中的"白衣卿相"，用他的词、他的情为宋词书写出另一片天空。

那些曾经误他功名的词，却成就了他一代词圣的地位。

文学小贴士：

柳永（约984-约1053），原名三变，字景庄，后改名柳永，字耆卿，因排行第七，又称柳七，崇安（今福建武夷山）人。

柳永是北宋婉约派代表作家，他扩宽了词的题材，大力创作慢词，推动了词的发展。柳永擅长运用通俗口语入词，长于铺叙，他的词在当时被广泛传唱，相传"凡有井水饮处，即能歌柳词"。有词集《乐章集》。

27. 大发明家苏轼

苏轼，字子瞻，号东坡居士，北宋时期著名的文学家，诗词兼善。不一样的文学课将带你认识才华横溢的苏东坡——

即使在才俊辈出的北宋，苏轼也能算得上是一个不可多得的人才，他在所涉足的各个领域都取得了突出的成就：

他为宋诗发展开辟了新的道路（诗）；

他是"唐宋八大家"之一（文）；

他是"宋四家"之一（书）；

他提出了"士人画"的概念（画），

他成就了宋词"一代之文学"的地位（词）。

但这些都不是我们要讲的内容，今天，我们一起去认识一个大发明家苏轼。

首先，我们来了解一下苏轼在服饰行业的发明，东坡在北宋，那可是引领服装界潮流的存在。

发明1：东坡服

在苏轼生活的时代，服饰主要承袭唐制，男装的日常款式总体上是圆领，右衽，且有大袖广身和窄袖紧身两种。

苏东坡所穿的就是直裰，领、襟、襈、裾均有宽襕，非常宽博，腰束丝绦，有仿古代"逢掖之衣"的意思。东坡服在当时受文士追捧，当苏东坡穿着东坡服站在北宋汴梁的街头，那就是一种时尚潮流的代表。

北宋传统服饰

发明2：子瞻帽

北宋男子头上的幞头（帽子），内衬木骨，外罩漆纱，宋人称之为"幞头帽子"，两侧有伸展长脚的叫展脚幞头，一般是官员所戴。平民百姓戴的都是无脚幞头。

而苏轼，就发明了一种高桶短檐的帽子，叫子瞻帽，时人李廌在他的《师友谈记》里谈道："士大夫近年仿东坡桶高檐短帽，名帽曰子瞻样。"

洪迈在《夷坚志》里说："人人皆戴子瞻帽，君实新来转一官。"可见子瞻帽当时的流行。

发明3：东坡帽

苏轼被贬谪惠州（一说儋州）的时候，发现南方阳光直射，于是他在南方人用来防日晒雨淋的"竹笠"的边沿处加上一圈几寸长的黑布或蓝布，改装之后的款式叫"东坡帽"，这样就可以有效防止阳光直射到人的脸上。当地老百姓看到改装之后的东坡帽，马上就表示爱了。

发明4：椰子冠

苏轼发明帽子的热情一发不可收拾。被贬海南儋州之后，苏轼发现，椰子随处可见，于是就地取材，用椰子壳做成帽子戴在头上。苏轼在《次韵子由三首》之《椰子冠》里提到："自漉疏巾邀醉客，更将空壳付冠师。"对于海南人民而言，椰子冠经济实惠，应该也是广受欢迎的。

除了服饰行业，苏轼在饮食行业也有发明创造。

发明5：东坡肉

苏轼被贬黄州的时候，有著名的打油诗《猪肉颂》："净洗铛，少著水，柴头罨烟焰不起。待他自熟莫催他，火候足时他自美。黄州好猪肉，价贱如泥土。贵者不肯吃，贫者不解煮，早晨起来打两碗，饱得自家君莫管。"说的是苏轼到黄州之后发现猪肉很便宜，但老百姓不知道怎么做好吃，于是苏轼就发明"慢著火，

少著水，火候足"的烹饪方法，这就是后来的杭帮名菜"东坡肉"。因为苏轼在杭州任太守时深受百姓爱戴，于是，这道"东坡肉"就被发扬光大，成了一道名菜。

在水利方面，苏轼也有了不起的发明创造。

发明6：三潭印月

对，就是杭州西湖十景之一的"三潭印月"。说起来杭州人民要非常感谢苏轼，因为西湖十景有两个都跟苏轼有关：苏堤春晓、三潭印月。当年苏轼到杭州做太守时，西湖水草蔓生，淤塞不堪，苏轼带人清理西湖的淤泥并将挖出的葑泥就地堆积，构筑成横截西湖的长堤，后人为纪念苏轼，将其命名为苏堤。

为了西湖的长治久安，苏轼也是操碎了心。苏轼想，我在杭州做太守可以清理淤泥，那我调走之后呢？西湖会不会又变得淤塞不堪。要知道，西湖不只是杭州人民的西湖，更是全国人民的西湖呀。于是，苏轼一拍聪明的脑袋，想出了一个主意：把西湖岸边的湖面租给老百姓种菱角。想要种好菱角，就必须时时清理水草，这样湖面就不会再淤积。但苏轼也非常

了解百姓，知道他们种地特别执着，又担心他们不断蚕食西湖，最后使整个西湖变成菱角地。于是，苏轼就让人在湖中建了三座石塔，石塔之间相望为界，明令石塔以内的湖面不得种植菱角。这三座石塔，后来就演变成西湖十景中著名的"三潭印月"。

如果你没有去过西湖，可以拿出钱包里的一元纸币，背面就是三潭印月的风景。好好看看吧，这就是苏轼的智慧。

水利方面，苏轼还有一个你压根儿想不到的发明：自来水。

发明7：自来水

自来水，你没有看错。在一千多年前的北宋，苏轼，发明了自来水。

这是苏轼被贬惠州时候的发明，苏轼在惠州，听说广州人民吃水困难，需要到白云山打水，"倾州连汲，以充日用"，苏轼游玩时见山上有清泉，于是，就给在广州做知州的王敏仲写了一封信，苏轼写道：

"惟蒲涧山（也就是今天的白云山）有滴水岩，水所从来高，可引入城，盖二十里以下尔。若于岩下作大石槽，以五管大竹续处，以麻缠之，漆涂之，随地高下，直入城中。又为一大石槽以受之，又以五管分引，散流城中，为小石槽以便汲者。"

广州知州王敏仲根据苏轼的设计，将这超前N年的供水系统（自来水）建造出来了。后来苏轼又想到，万一输水的大竹管日久天长堵塞了怎么办？（苏轼为了广州人民能吃上自来水，也是操碎了心呀！）苏轼就让王敏仲在每根竹竿上钻一个绿豆大小的孔，然后用竹钉塞住，一旦竹管出现堵塞，可以通过这些小孔查验。

厉害吧，苏轼这操作，简直是水利工程师呀！

发明8：东坡提梁壶

苏轼喜爱吃茶，之前的紫砂壶都比较小，而且在火上烧过之后太烫手，没办法拿起来。苏轼受灯笼的启发，决

定在茶壶上加一个提手，烧水之后，可以提起。于是就动手制作了上方带有提手的茶壶，后世将其称为"东坡提梁壶"，或者简称为"提苏"。

发明9：网络热词"呵呵"

呵呵，当我们在网上使用这个词语的时候，有没有想

到，千年之前的苏轼，也喜欢用这个词呢？

现行的《苏轼文集》里面收集了苏轼很多封书信，其中有40多封书信里都用了"呵呵"。

> 承惠杨梅，感佩之至。闻山姜花欲出，录梦得诗去，庶致此馈也。呵呵。

（《与林天和长官》）

> 近却颇作小词，虽无柳七郎风味，亦自是一家。呵呵。

（《与鲜于子骏书》）

> 一枕无碍睡，辄亦得之耳。公无多奈我何，呵呵。

（《与陈季常》）

> 异日为宝，今未尔者，特以公在尔。呵呵。临古帖尤奇，获之甚幸，灯下昏花不复成字，谨已降矣，余未能尽，俟少暇也。

（《与米元章》）

> 纸轴纳去，余空纸两幅，留与五百年后人跋尾也。呵呵。

（《与孙子思》）

呵呵，当你再使用这个词汇时，是不是觉得亲切了许多？！

苏轼，是我最喜欢的文学家，没有之一。

苏轼二十岁考中进士，得到当时文坛领袖欧阳修的赞赏，步入仕途后在党争中受排挤，并不得志，乌台诗案更是他人生的转折点。经历乌台诗案的苏轼被贬黄州团练副使。东坡，便是黄州的东坡；黄州，成就了苏东坡。

苏东坡，对，我更喜欢这个称呼，比起"苏轼""苏子瞻"带有父辈殷殷期望与叮嘱的名字而言，苏东坡，更随性，更自由，更符合他的性情。

东坡，原本是黄州城东一个不出名的小山坡，苏轼来到这里，建了草堂，开荒耕种，并取了东坡居士的名号，于是，东坡成了中国文学史上一道引人注目的风景线。

林语堂的《苏东坡传》中这样说："像苏东坡这样的人物，是人间不可无一难能有二的。……我们未尝不可说，苏东坡是个秉性难改的乐天派，是悲天悯人的道德家，是黎民百姓的好朋友，是散文作家，是新派的画家，是伟大的书法家，是酿酒的实验者，是工程师，是假道学的反对派，是瑜伽术的修炼者，是佛教徒，是士大夫，是皇帝的秘书，是饮酒成癖者，是心肠慈悲的法官，是政治上坚持己见者，是月下的漫步者，是诗人，是生性诙谐爱开玩笑的人。可是这些也许还不足以勾绘出苏东坡的全貌。……苏东坡的人品，具有一个多才多艺的天才的深厚、广博、诙谐，有高度的智力，有天真烂漫的赤子之心。"

喜欢苏东坡，喜欢苏东坡的真性情，他不会违背内心曲意逢迎，新旧党争中，他显得不合时宜；喜欢苏东坡的风趣幽默，他爱开玩笑，是个顶级的段子手，"河东狮子吼"就是他的发明创造；喜欢苏东坡的随缘自适，他无论到哪，都能"此心安处是吾乡"；喜欢苏东坡的旷达，他无论风雨，都能"一蓑烟雨任平生"。

当然，最喜欢的还是苏东坡的诗词。

喜欢他的"人生到处知何似，应似飞鸿踏雪泥"，雪泥鸿爪的譬喻中透彻了他的反思；

喜欢他的"长恨此身非我有，何时忘却营营"，身不由己的悲叹中流露了他的无奈；

喜欢他的"十年生死两茫茫，不思量，自难忘"，生死相隔的感伤中寄寓了他的深情；

喜欢他的"大江东去，浪淘尽，千古风流人物"，多情应笑的华发中映衬了他的气度；

喜欢他的"人有悲欢离合，月有阴晴圆缺"，此事难全的感叹中寂寥了他的豁达；

喜欢他的"莫听穿林打叶声，何妨吟啸且徐行"，乐观旷达的感怀中透露了他的随性；

喜欢他的"横看成岭侧成峰，远近高低各不同"，移步换景的俯仰中显现了他的智慧；

喜欢他的"拣尽寒枝不肯栖，寂寞沙洲冷"，洁身自好的叹息中展现了他的孤高；

喜欢他的"会挽雕弓如满月，西北望，射天狼"，壮士暮年的狂放中高歌他的豪放；

喜欢他的"哀吾生之须臾，羡长江之无穷"，浩瀚无际的江水中流溢出他的超然。

喜欢苏东坡，没有之一，只有唯一。

文学小贴士：

苏轼（1037-1151），字子瞻，号东坡居士，眉州（今四川眉山）人。苏轼为宋仁宗嘉祐二年（1057）进士及第，官至翰林学士、知制诰、礼部尚书。后几经贬谪，仕途坎坷。苏轼与其父苏洵、弟苏辙合称"三苏"。

苏轼思想上儒道释兼修，他执着于人生而又超然物外；既有儒家固穷的坚毅精神，又有老庄轻视有限时空和物质环境的超越态度；同时，还有禅宗平常心对待一切变故的观念。

28. 一场雨淋出的人生哲理：《定风波》

我们前面讲了苏轼的卓越才能，不一样的文学课将再带你和苏东坡一起去淋一场不期而遇的雨，一起去见证他以小见大的智慧，一起去仰望他随缘自适的旷达——

首先，我们来读一首苏轼的词：《定风波》。

> 三月七日，沙湖道中遇雨，雨具先去，同行皆狼狈，余独不觉。已而遂晴。故作此。
>
> 莫听穿林打叶声，何妨吟啸且徐行。竹杖芒鞋轻胜马，谁怕？一蓑烟雨任平生。　料峭春风吹酒醒，微冷，山头斜照却相迎。回首向来萧瑟处，归去，也无风雨也无晴。

这首词，我们注意到一个问题，它的前面有个小序。这本是写诗常用的手法，序，一般交代写作的背景。词前有序，也是苏轼以诗为词的手法的表现。

这个小序信息量很大，不仅交代了时间、地点、事件、人物，还告诉我们感受及作词原因。在这里，我们需要特别注意的是一个地点：沙湖。沙湖在哪里呢？

> 黄州东南三十里为沙湖，亦曰螺师店。
>
> ——《东坡志林》

从这里我们就知道，沙湖在黄州东南。同时，我们从黄州这个敏感词汇里也就可以知晓，这首词，作于苏轼谪居黄州时期。那是宋神宗元丰五年（1082），苏轼被贬谪黄州后的第三年。

黄州，对于苏轼而言，是个特殊的地方。经历乌台诗案的苏轼，被贬为黄州团练副使，不得擅离此地，不得签署公事。黄州，对于苏轼而言，也是一个转折点，黄州成就了《赤壁赋》，黄州成就了苏东坡。黄州之后的苏轼，经历了人生的风雨，从志得意满的苏子瞻变成了随缘自适的苏东坡，没有权势，没有地位，甚至没有自由，但一个乐观旷达的苏东坡在黄州就这样炼成了。

小序中还告诉我们一件事：苏轼遇雨。走在路上遇雨了，拿雨具的人又走在前面去了（沙湖道中遇雨，雨具先去）。这时候和他一起走的人都觉得狼狈不堪，而唯独苏轼浑然不觉（同行皆狼狈，余独不觉）。虽然这雨来得突然，好在并不持久（已而遂晴）。于是苏轼写了这首词（故作此）。

通观整首词，《定风波》中所描写的中心事件就是：途中遇雨。面对突如其来的疾风骤雨，苏轼竹杖芒鞋吟啸徐行。雨过天晴，冷风吹面，面对自然界的风雨，苏轼回首过往，想到了人生中的风风雨雨，在"一蓑烟雨任平生"

的豪迈之后，苏轼体悟到"也无风雨也无晴"的通透，这就是以小见大的智慧。

一场雨能淋出人生哲理的智慧，也没谁了。

说到这里，我们可以回想一下：

你有没有淋过雨？

你在淋雨之后除了湿身之外有没有感悟？有没有思考？你想到了什么？

其实，在生活中处处有智慧的光芒，只是需要我们停下脚步思考反观，给自己平淡的生活增添一些哲理的思考和诗意的天空。

这首词中，除了以小见大的智慧之外，我们还应该注意到苏轼随缘自适的旷达情怀。面对人生风雨，苏轼淡然处之，一笑而过。

苏轼一生，仕途坎坷，经历新旧党争，经历乌台诗案，被贬黄州、惠州、儋州，可以说是起起落落再落落，饱经苦难的苏东坡如清风明月，不失其赤子之心。

反观我们的生活，人的一生不可能一帆风顺，有顺境也有逆境，有成功也有失败，有福也有祸。但不管我们遇到什么挫折，我们都应该想想苏东坡，想想他的遭遇，想想他的旷达，真正做到处变不惊，超然物外，随缘自适、乐观旷达。这样，才能完成我们自己的人格修养。

通过这首词，希望大家能够记住苏东坡以小见大的智慧，为我们的生活增几分诗意的思考；同时，也希望大家能够领悟苏东坡随缘自适的旷达，为我们的人生添几分乐观的情怀。

文学小贴士：

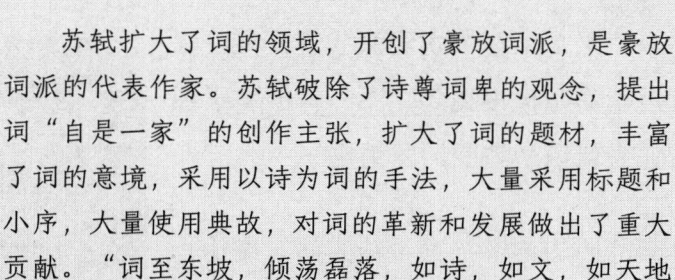

苏轼扩大了词的领域，开创了豪放词派，是豪放词派的代表作家。苏轼破除了诗尊词卑的观念，提出词"自是一家"的创作主张，扩大了词的题材，丰富了词的意境，采用以诗为词的手法，大量采用标题和小序，大量使用典故，对词的革新和发展做出了重大贡献。"词至东坡，倾荡磊落，如诗，如文，如天地奇观。"（刘辰翁《辛稼轩词序》）

29. 情为才掩李清照

李清照是宋词中婉约派代表作家,我们读过李清照很多词句,不一样的文学课将带你去认识李清照的才情——

李清照的词多描写爱情生活、闺情相思,当然与她的女性身份密不可分,用我们现在的话说,李清照就是一个文艺女青年。

文艺女青年,自然会用文艺的手法表达自己的心情,所谓易安心事付纸笺——

> 昨夜雨疏风骤,浓睡不消残酒。试问卷帘人,却道海棠依旧。知否?知否?应是绿肥红瘦。
>
> ——《如梦令》

> 花自飘零水自流,一种相思,两处闲愁。此情无计可消除,才下眉头,却上心头。
>
> ——《一剪梅》

酒醒熏破春睡，梦断不成归。人悄悄，月依依，翠帘垂。

——《诉衷情》

风定落花深，帘外拥红堆雪。长记海棠开后，正伤春时节。

——《好事近》

断香残酒情怀恶，西风催衬梧桐落。梧桐落，又还秋色，又还寂寞。

——《忆秦娥》

窗前种得芭蕉树，阴满中庭。阴满中庭，叶叶心心，舒卷有余情。

——《添字采桑子》

枕上诗书闲处好，门前风景雨来佳。终日向人多酝藉，木犀花。

——《摊破浣溪沙》

文艺青年的心事，需要懂得的人才能解得。否则极有可能翻车，李清照就曾有次翻车的经历，具体场景是这样的，我们且看李清照当日的朋友圈——

吃瓜的我们，细细梳理这则朋友圈，不难发现几点线索：

1. 李清照写了一首《醉花阴》寄给赵明诚（文艺青年的作风）；

2. 当时正是重阳佳节（每逢佳节倍思亲）；

3. 李清照在青州，赵明诚在莱州（二人分居两地）。

重阳佳节，独居在家的李清照写了一首词寄给自己的丈夫赵明诚。关于这首词、这封信、这件事，伊世珍在《琅

嬛记》中有这样一段记载:

> 易安以重阳《醉花阴》词函致明诚。明诚叹赏,自愧弗逮,务欲胜之。一切谢客,忘食忘寝者三日夜,得五十阕,杂易安作以示友人陆德夫。德夫玩之再三,曰:"只三句绝佳。"明诚诘之,答曰:"莫道不销魂,帘卷西风,人比黄花瘦。"正易安作也。

——元·伊世珍《琅嬛记》

这段话里讲了一个故事:李清照写了《醉花阴》寄给赵明诚,赵明诚读后十分赞赏,自叹文才不及李清照,又想胜过自家媳妇,于是闭门谢客,废寝忘食三天三夜,终于写了五十阕词。然后将自己的五十阕词与李清照的《醉花阴》混杂在一起,让自己的好朋友陆德夫赏读。陆德夫再三品味这些词,最后说:"只有三句写得最好。"赵明诚赶快问:"哪三句?"陆德夫说:"莫道不销魂,帘卷西风,人比黄花瘦。"正是李清照《醉花阴》里的句子。

从这里,我们又看到几个事实:

1. 赵明诚收到这首词,十分赞赏(叹赏);
2. 这首词有三句绝佳(陆德夫评语);
3. 赵明诚没有读懂。

我们一起来看看这首赵明诚没有读懂的词,词文如下:

薄雾浓云愁永昼,瑞脑消金兽。佳节又重阳,玉枕纱厨,半夜凉初透。　　东篱把酒黄昏后,有暗香盈袖。莫道不销魂,帘卷西风,人比黄花瘦。

重阳佳节,李清照一人独居在家,百无聊赖,消磨着难挨的时光。此时的李清照生活孤独、寂寞、无聊,感情上也是相思无着落,已非"一种相思,两处闲愁"的甜蜜相思。"瑞脑消金兽"的寂寞无聊,"半夜凉初透"的空虚冷寒;黯然销魂的伊人,已是"人比黄花瘦"。

李清照将这首《醉花阴》寄给赵明诚(函致赵明诚),实际上是明白地告诉赵明诚,自己一人独居在家的冷清寂寞,没有他在身边的日子里,自己百无聊赖;没有爱情的滋养,自己已憔悴如黄花。尤其是"人比黄花瘦"的比喻,形象生动,意于言外,堪称绝妙。

这首词中,没有了两地相思、鸿雁传情,更多地传达出李清照一人独居的寂寞与伤感。然而,赵明诚没有读懂,李易安的"愁情"为其"才情"所掩,赵明诚见词之后惊呼"我媳妇儿真厉害,我也写不出这么好的词句"(明诚叹赏,自愧弗逮,务欲胜之),这一反应,远非李清照本意所在。

写到这里,我也不禁为李清照不平:

若非如此有才,或许不会这么悲哀。如果李清照简简单单几个字——我想你了,快回来接我。

那么赵明诚见信后可能会快马加鞭回家相见。

又或者,此时的李清照已不能轻易将相思说出口,只能幽怨地表达着自己的寂寞和伤感。

无论现实如何，我们只能说，李清照这封家书，有些失败。她的失败不在于不善文辞，而恰恰是输在了文采斐然——情为才掩。

绚烂的烟花往事，烟花绽放在寂静的夜空，绚烂多彩，明亮了很多人的眼睛，然而烟花的绽放总是短暂的，留下的终是永恒的寂寞……

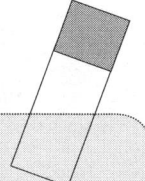

> **文学小贴士：**
>
> 李清照(1084－1151？)，号易安居士，济南章丘(今山东济南)人。宋代著名女词人，婉约派代表。李清照出身名门，父亲李格非是当时著名学者，任礼部员外郎。十八岁时李清照嫁于吏部尚书赵挺之（后任宰相）之子赵明诚，夫妻二人共同搜集金石字画，著成《金石录》。1127年靖康之难，赵明诚病逝，李清照经历国破家亡夫死宝散，孤苦终老。
>
> 李清照多才多艺，诗词散文兼善，词作独步一时，自成风格（易安体），被誉为"词家一大宗"。

30. 文武全才辛弃疾

辛弃疾，南宋时期的著名词人，豪放派代表作家，与苏轼并称为"苏辛"。是的，这是你之前认识的辛弃疾，不一样的文学课将带你认识文武全才、一代名将辛弃疾——

文武全才，一代名将，是的，你没看错。除了我们所知道的会写诗写词之外，辛弃疾在南宋还是一名抗金将领。

如果你以为写着"东风夜放花千树。更吹落，星如雨"的辛弃疾是个文弱书生，那你就大错特错了！辛弃疾虽然写作了六百多首词，是两宋存词最多的作家，但这只是辛弃疾的业余爱好而已，辛弃疾自己肯定不承认自己是个词人。

在中国军事史上，辛弃疾绝对是一个不可多得的将帅之才：他曾率部下五十骑直入数万人的敌军中擒获敌军首领张安国，他曾三个月彻底平定茶商军，他曾提出大规模跨海登陆作战计划（中国历史上第一次）。

辛弃疾出生在山东，当时北方已为金人所占，可以说，辛弃疾是出生于沦陷区的汉人。这一出身，注定了辛弃疾的"归正人"身份，也注定了辛弃疾不能被委以重任。

辛弃疾自幼就有恢复失地的决心，22岁的辛弃疾就聚集了两千人，一起参加耿京的抗金义军，并在军中任掌书记。不久，跟辛弃疾一起投奔耿京的一个小头目义端，偷了义军的帅印跑去金军那里投敌邀功。辛弃疾单枪匹马，追了三天三夜，在去金营的路上斩杀义端，追回帅印。

第二年，也就是公元1162年，辛弃疾奉命南下到建康去见宋高宗。当辛弃疾完成任务返回时，却发现义军领袖耿京已被叛徒张安国杀害，义军溃散。辛弃疾当即率部下五十骑，直入数万人的张安国大营，擒获张安国并将其带回建康交朝廷处置。当时的辛弃疾也因此名震一时，他的勇气和果敢震惊了世人，23岁的辛弃疾被南宋朝廷任命为江阴签判。

辛弃疾回归南宋朝廷之后慷慨激昂，想要收复北方失地，曾献《美芹十论》《九议》等文章给朝廷，陈述自己的抗金主张和治国方略，然而这些主张与当时朝廷的主和派主张格格不入，所以，并未得到朝廷的采纳。辛弃疾之后曾有词抒发当时的感慨和遗憾。

鹧鸪天·有客慨然谈功名，因追念少年时事，戏作

壮岁旌旗拥万夫，锦襜突骑渡江初。燕兵夜娖银胡䩮，汉箭朝飞金仆姑。

追往事，叹今吾，春风不染白髭须。却将万字平戎策，换得东家种树书。

之后的数十年间，辛弃疾辗转于江西、湖南、福建等地做守臣，曾在三个月内将在湖北、湖南、江西、广东等地引起很大骚动的茶商军彻底平定。此后力排众议成立飞虎军，这是整个南宋最精锐的部队。

淳熙八年（1181），42岁的辛弃疾被弹劾落职，退居江西上饶，并取"人生在勤，当以力田为先"之意，自号为稼轩。

宋宁宗时期，主战派韩侂胄当权，起用一批主张抗金的人，时年64岁的辛弃疾被再次起用，担任浙东安抚使、镇江知府等职，积极备战抗金。

然而不久，辛弃疾又被谏官弹劾降职，辛弃疾心灰意冷，推辞不任职。开禧三年（1207），朝廷再次起用辛弃疾为枢密都承旨，让他速到临安府赴任，然而此时68岁的辛弃疾已重病在身，不久就忧愤而亡了。据说，辛弃疾在临终之前还在大呼"杀贼，杀贼"。

所以，辛弃疾将自己的怀才不遇、壮志难酬揉碎在词里，抒发着山河破碎、壮志成空的悲哀和忧愤。

"把吴钩看了，栏干拍遍，无人会，登临意。"

"倩何人，唤取红巾翠袖，揾英雄泪？"

"想当年，金戈铁马，气吞万里如虎。"

"醉里挑灯看剑,梦回吹角连营。"

辛弃疾的词里,有戎马倥偬的沙场生活,有强烈的战斗精神,有英雄末路的悲哀。种种复杂矛盾的思想感情,交织在辛弃疾的作品里,形成了辛弃疾词所特有的苍凉豪壮、沉郁雄奇的风格。

总之,辛弃疾在他的时代里,是一个能够安邦定国的将帅之才。只是,纵然如此,他也无法超越自己的时代,只能空怀一腔报国志,终究无力回天。

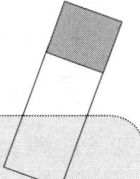

文学小贴士:

辛弃疾(1140-1207),字幼安,号稼轩,山东历城(今山东济南)人。辛弃疾词作题材广泛,多用典故,内容丰富,词风豪迈悲凉,辛弃疾沿苏轼开创的豪放词一路发展,并在题材内容和艺术手法等方面进一步开拓。辛弃疾以文为词,不仅丰富了词的内容,也提高了词的表现力。辛弃疾有"词中之龙"之称,与苏轼合称"苏辛",与李清照并称"济南二安"。

31.《西厢记》：张生和莺莺的故事

大家都知道，《西厢记》讲的是张生与莺莺郎情妾意、才子佳人，最后终成眷属的故事。不一样的文学课将带你解读《西厢记》的前世今生——

《西厢记》里写了张生和莺莺追求爱情终成眷属的故事，然而这个故事，并不是一开始就是我们看到的样子，张生和莺莺的故事又经历了怎样的前世今生呢？

张生和莺莺的故事蓝本，也就是这个故事的源头，就是唐代元稹的一篇传奇《莺莺传》。

《莺莺传》讲述的是张生与其姨母郑氏的女儿崔莺莺恋爱又始乱终弃的故事。在《莺莺传》里，莺莺是名孀妇，对张生"自荐枕席"主动示爱。后来张生进京赶考，考中之后另娶他人，抛弃莺莺，莺莺委身他人，他们的故事是悲剧结尾。张生抛弃莺莺之后还有一段冠冕堂皇的说辞：

大凡天之所命尤物也，不妖其身，必妖于人。

使崔氏子遇合富贵，乘宠娇，不为云，不为雨，为蛟为螭，吾不知其所变化矣。昔殷之辛，周之幽，据万乘之国，其势甚厚。然而一女子败之，溃其众，屠其身，至今为天下僇笑。予之德不足以胜妖孽，是用忍情。

所以，从《莺莺传》里可以看出，女子没有选择的权利，只能被选择、被抛弃，一切都缘于这是一个男尊女卑的社会。

张生和莺莺的故事在宋代赵令畤笔下的鼓子词《商调蝶恋花》里，主题未变，但作者写出了"弃掷前欢俱未忍。岂料盟言，陡顿无凭准。地久天长终有尽，绵绵不似无穷恨"，批评了张生的始乱终弃。

张生和莺莺的故事在金代董解元笔下，发展成了《西厢记诸宫调》。董解元，确切说是一个姓董的读书人，生卒年月、名、字、号，都不知道。董解元的《西厢记诸宫调》，后世称为"董西厢"，五本二十一折的体制。"董西厢"改变了原来《莺莺传》中张生对崔莺莺始乱终弃的故事结局，写张生与莺莺两人为追求恋爱自由而共同斗争，最后两人终于结成美满姻缘，提出了"自是佳人，合配才子"的主题。而且，在"董西厢"里突出了红娘的形象，也为后世"红娘"成为媒人的代言奠定了基础。"董西厢"在这个故事的演变中有里程碑意义。

张生和莺莺的故事到了元代，王实甫继续丰富其情节，写成了元杂剧《西厢记》，全称《崔莺莺待月西厢记》，也叫"王西厢""北西厢"。《西厢记》中张生与莺莺的故事基本继承了"董西厢"的情节，张生对莺莺一见钟情，经历了种种磨难，最终张生考中状元，与莺莺喜结连理。《西厢记》里最动人的一折就是《长亭送别》，张生被迫进京赶考，莺莺在长亭相送，留下很多催人泪下的曲子：

［正宫］［端正好］碧云天，黄花地，西风紧，北雁南飞。晓来谁染霜林醉？总是离人泪。

［滚绣球］恨相见得迟，怨归去得疾。柳丝长玉骢难系，恨不倩疏林挂住斜晖。马儿迍迍的行，车儿快快的随，却告了相思回避，破题儿又早别离。听得道一声"去也"，松了金钏；遥望见十里长亭，减了玉肌：此恨谁知？

［耍孩儿］淋漓襟袖啼红泪，比司马青衫更湿。伯劳东去燕西飞，未登程先问归期。虽然眼底人千里，且尽生前酒一杯。未饮心先醉，眼中流血，心内成灰。

［一煞］青山隔送行，疏林不做美，淡烟暮霭相遮蔽。夕阳古道无人语，禾黍秋风听马嘶。我为甚么懒上车儿内，来时甚急，去后何迟？

［收尾］四围山色中，一鞭残照里。遍人间烦恼填胸臆，量这些大小车儿如何载得起？

从《莺莺传》到《西厢记》，张生和莺莺的故事情节已经有了很多改变：

1. 张生是主动示好莺莺的（通过红娘），张生与莺莺第一次正面接触是吟诗试探。

2. 张生与莺莺私定终身，是莺莺寄诗约定的（红娘传信递笺）。

3. 张生赴京赶考是因为崔老夫人不招白衣女婿，被迫去的；张生最终考中状元，除授河中府尹，荣归迎娶莺莺，有情人终成眷属。

4. 故事侧重青年男女对美好爱情的向往和追求，表达了敢于反抗礼俗的精神，中心主题也变成了：愿天下有情的都成了眷属。

然而，张生和莺莺的故事到这里并没有结束，一代又一代人还在继续加工这个故事，明清时期一群人为了张生和莺莺的故事操碎了心。

张生和莺莺的故事到了明代，出现了李日华和陆采的两部南调《西厢记》：

李日华"南西厢"的主题、情节与王实甫的"王西厢"一样，他创作的主要目的就是为了适应南方的语言习惯和唱法，"改北调为南曲""增损字句以就腔"，也就是在王实甫《西厢记》的基础上对曲文稍作修改。

陆采南调《西厢记》又被人们称作"陆西厢"，其情节、主题与"王西厢""南西厢"基本上一致，但是里面的曲辞却都是完全自创的新词。

如果说以上两部南调《西厢记》只是对曲文作了修改，明末周公鲁的《锦西厢》则是对张生和莺莺的故事作了改编和续写。《锦西厢》写莺莺的未婚夫郑恒奉旨与莺莺完婚，莺莺不从，于是红娘代莺莺嫁给郑恒。《锦西厢》里还写到孙飞虎死后，他的妻子伏虎将军看上了张生的美貌，想要将张生抓上山去为夫，张生的琴童代替张生，上山之后被推为寨主。周公鲁的《锦西厢》可真的是操碎了心，不只为张生和莺莺，连红娘和琴童的姻缘也费心安排上了。

张生和莺莺的故事到了清初，查继佐在《续西厢》中写张生官拜河中府尹，奉旨与莺莺成婚。郑恒早一步到莺莺家，谎说张生考中以后入赘卫尚书府，老夫人欲以红娘配郑恒，红娘不从而欲自缢。幸得张生及时赶回，圣旨下，封莺莺为文淑夫人，红娘为侧室，次第候封。杜确将军因剿贼有功，也得到升赏。

清初还有一个立意完全与众不同的版本，就是研雪子的《翻西厢》，这个版本完全是为郑恒翻案之作，作者是站在郑恒的角度来写的。想想也是，站在郑恒的角度看《西厢记》，郑恒确实是个冤大头，自己的未婚妻被别人抢占，自己还成了反面人物。《翻西厢》里郑恒是一个光明正大的君子，而张生则是一个淫邪小人，调戏莺莺（郑恒的未婚妻）不成，然后与土匪孙飞虎勾结兵围普救寺，后来阴谋败露，张生投入孙飞虎军中，为虎作伥，被杜确抓获。

郑恒最终与莺莺尽释前嫌，终成眷属。虽然也是终成眷属，但是换了男主。

张生和莺莺的故事在清代还有一个用佛家因果观念来改易《西厢记》的版本，那就是周冰鹤的《拯西厢》。这个故事里写孙飞虎起兵作乱被平定之后，皈依佛门，改恶从善，普度众生。

梳理张生和莺莺的故事的前世今生，我们发现，这个故事之所以经历了一代又一代的流传，说明其影响之深远。同时，故事的结局从最初的始乱终弃变成了终成眷属，一定层面上也反映了民众对于爱情的美好寄寓。

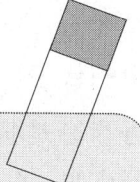

文学小贴士：

王实甫，生卒年不详，名德信，大都（今北京）人。元代著名杂剧作家，杂剧《西厢记》的作者。王实甫杂剧存目十四种，现完整流传的有《西厢记》《丽春堂》《破窑记》三种。王实甫的杂剧，辞采华美，富有风韵，是中国戏曲史上"文采派"的杰出代表。

32. 至情至性《牡丹亭》

我们前面讲了才子佳人的故事《西厢记》，不一样的文学课将带你去解读另一个才子佳人的故事《牡丹亭》——

《牡丹亭》是明代汤显祖的作品。汤显祖，字义仍，号海若，江西临川人，被誉为"东方的莎士比亚"。汤显祖的代表剧作就是"临川四梦"（又称"玉茗堂四梦"），《牡丹亭》是其中之一。汤显祖曾说："一生四梦，得意处惟在牡丹。"也就是说，汤显祖最看好的就是这部《牡丹亭》。

《牡丹亭》原名《还魂记》，故事情节来源于明代的话本《杜丽娘慕色还魂记》。《牡丹亭》讲述了杜丽娘与柳梦梅的爱情故事。

杜丽娘曾在梦中与一手持柳枝的书生在牡丹亭畔幽会。此后，她便因梦生情，伤情而死，葬于牡丹亭畔。三年后，柳梦梅赴京应试，借宿梅花庵，在太湖石下拾得杜丽娘画像，发现画中人就是他三年前梦中所见佳人。杜丽娘魂游后园，与柳梦梅再度幽会。柳梦梅掘墓开棺，杜丽娘起死回生，两人私自结为夫妻。后柳梦梅考中状元，皇帝恩准，终得圆满。

《牡丹亭》戏核部分是第十出"游园·惊梦",在这一出里,杜丽娘春日游园(她从来不知道自己家府邸后有座偌大的园子),当她面对花园里姹紫嫣红开遍的花和断井颓垣的破败之景,伤春之情油然而生。

原来姹紫嫣红开遍,似这般都付与断井颓垣。
良辰美景奈何天,赏心乐事谁家院!

最打动人的这段唱词,也是杜丽娘青春苦闷的心声。自己就如同这姹紫嫣红一般,天生丽质,却只能徒对四壁,青春虚付,怎不令人感伤!青春的苦闷,精神的压抑,不言而喻。游园之后,梦到与书生幽会,惊梦之余,自怨自艾,伤情伤身。即便如此,杜丽娘也不敢将心事示人,以致郁郁而亡。

在现实的世界里,杜丽娘只能如此,她无法抗拒礼教的约束,无法追求自由的爱情,这一点,杜丽娘与崔莺莺无法相比。

当然,杜丽娘对于爱情的追求,只是在还魂之后。还魂之后的杜丽娘,完全抛开了身上的礼教束缚,大胆主动地与柳梦梅幽会,以身相许,二人终成眷属。

所以,《牡丹亭》里,"梦而死""死而生"这样的情节设置,实则是"情"与"理"的矛盾冲突。

在《牡丹亭》中,"情"最终战胜了"理";但在当时的社会现实中,"杜丽娘们"依然是在苦闷与压抑中颓然叹息。

  这个故事本身没毛病，但是，细心的我们总会发现，在《牡丹亭》里，杜丽娘与柳梦梅的"爱情"其实是有很大的问题：

  其一，梦中幽会时，两人素昧平生，互不相识，见面之后两句话不说，柳梦梅就抱起杜丽娘去往牡丹亭畔，温存一晌眠。这和现代的一夜情相比，都是有过之而无不及的。

  其二，书斋相见时，杜丽娘鬼魂归来，柳梦梅并未识得，杜丽娘称自己是邻家姑娘，慕先生神采而来，柳梦梅不假思索将其留宿。这节奏也让人不禁咋舌。

  以我们现在开放的眼光来看，《牡丹亭》中杜丽娘与柳梦梅的举动都是比较激进的，甚而谈不上是爱情，因为根本没有谈情说爱的过程就直奔了欲望的主题。

  汤显祖为什么要这样处理故事情节呢？完全可以去设置一个青梅竹马或者指腹为婚的故事，让两人的交往有理有据。但汤显祖没有这样写，究其原因，就在于对当时"存天理、灭人欲"的反抗。

  "存天理、灭人欲"本来是朱熹理学思想的重要观点之一，这里所说的"人欲"是指超出人的基本需求的欲望，如私欲、淫欲、贪欲等。但是当一种思想被极度宣扬的时候，就可能会出现偏颇。明代的理学家在倡导"存天理、灭人欲"时，却把人基本需求的欲望也一并去除了。这，就成为一种极端了。

在思想高压下,《牡丹亭》更像一个青春期叛逆的孩子,家长不允许我做什么,我偏偏要做什么。你们提出"存天理",我偏要以情反理;你们提出"灭人欲",我偏要把欲望放在前面,突破禁欲主义。这也是《牡丹亭》在当时社会特殊的文化意义所在。

《牡丹亭》特殊的文化意义就在于以情反理,反对(抑或说是反抗)当时处于正统地位的理学思想,崇尚个性解放,突破禁欲主义,在思想和文化层面肯定和提倡人的情感价值。

有人可能觉得,叛逆的孩子,未必会有人赞赏。《牡丹亭》这么极端激进,在当时的社会,可能不会有很多人追捧。实际上却恰恰相反,《牡丹亭》一出,人们争相观看,一时之间,"几令《西厢》减价"。而且,当时很多女子看过《牡丹亭》之后,在杜丽娘身上找到了自己的影子,如娄江女子俞二娘,因为读《牡丹亭》而伤情断肠而亡;还有杭州女伶商小伶,在演《牡丹亭》"寻梦"一场时,联想到自身的不幸,伤心而死;等等。

这就说明,杜丽娘的人物形象,在当时具有一定的典型性和广泛的代表性,在那个时代里,有许许多多的女性,她们有杜丽娘一样的遭遇,有杜丽娘一样的渴望,当然,也有杜丽娘一样的抗争精神。

杜丽娘在由生而死、由死而生的斗争过程中实现了自己追求个性解放和幸福生活的理想,这也是当时很多女子心中的理想。

汤显祖在《牡丹亭·题词》中写道:

> 情不知所起,一往而深。生者可以死,死可以生。生而不可与死,死而不可复生者,皆非情之至也。

这就是著名的"至情论"。《牡丹亭》对于"情"的演绎,上承《西厢记》,下启《红楼梦》,让后世无数人为之感慨。

然而,至情至性的人物,只是在舞台上顾盼生情的表演中;至情至性的生活,也只是在戏文中幽闺自怜的叹息里。

千载丽人泪,一曲牡丹亭。至情至性人,才子佳人情。

文学小贴士:

汤显祖(1550-1616),字义仍,号海若,又号若士,别署清远道人。江西临川(今江西临川县)人,明代传奇"临川派"代表人物。汤显祖自幼聪颖好学,21岁中举。先后任南京太常寺博士、礼部祠祭司主事等职。后因作《论辅臣科臣疏》,批评朝政,被贬广东徐闻县典史,后调任浙江遂昌知县。49岁时辞官归隐,潜心戏曲创作。代表作有《牡丹亭》《邯郸记》《南柯记》《紫钗记》四种,合称"玉茗堂四梦"或"临川四梦"。

33. 范进中举之后的故事：《儒林外史》

《范进中举》是我们中学课本里学过的篇目，选自《儒林外史》，不一样的文学课将带你去探析范进中举之后的故事——

我们中学时代教材里的《范进中举》，节选自《儒林外史》第三回《周学道校士拔真才 胡屠户行凶闹捷报》。因为选入教材的故事是节选，我们只知道了范进中举之后喜极而疯的故事，今天，我们就聊一聊范进这个人物的前前后后，说一说范进中举之后的故事。

范进是一个热衷科举的文士，从20岁一直考到54岁，一直是童生，屡试不第。54岁去参加生员考试时，衣着单薄，穷困不堪，"面黄肌瘦，花白胡须，头上戴一顶破毡帽"。当时的主考官广东学道周进联想自己的科考坎坷路，心生怜悯，看了三遍范进的卷子，点了范进第一名。而后范进到城里乡试，得中广东乡试第七名，然后就有了我们之前看到的中学课本里范进喜极而疯的场面。我的脑海中印象最深刻的画面就是：

范进正在一个庙门口站着，散着头发，满脸污泥，鞋都跑掉了一只，兀自拍着掌，口里叫道："中了！中了！"

很多年以来我一直以为范进是个悲剧人物，好不容易考中，人却疯了，那以后应该就没有以后了，想来就是一个疯癫之人，或者是挂了吧，总之很悲催。似乎，在我们的认知中，范进就是迂腐穷酸的代名词。

让我们看完《儒林外史》再做定论吧！

《儒林外史》第三回结尾处写范进中举之后，张乡绅送给范进宅邸、仆人、衣物等等，范进的母亲看到细瓷碗盏和银镶的杯盘等，哈哈大笑道："这都是我的了！"大笑之后痰迷心窍，昏厥于地。第四回开篇就写老太太归天，也可以说范进母亲是直接笑死了。范进是喜极而疯，老母亲是喜极而亡。所以，范进中举之后在家丁忧守孝三年才去京城参加会试。

在《儒林外史》中，范进清醒之后，简直是开启了开挂的人生。三年之后进京会试，范进又遇到了乡试时的主考官周进，这时候的周进已经是国子监司业。在周进的提携之下，范进一举考中了进士。而后，范进在京城考选御史，因为政绩突出，又升任了山东学道。

提到山东学道，这里还要提一个小插曲，范进去山东，是去主持教育以及科举考试工作的。出发之前，范进的恩师周进让他照顾提拔一个早先的学生荀玫。范进到了山东之后却到处找不到荀玫，一筹莫展。这时候，范进身边的幕客蘧景玉便给范进讲了个故事，说几年前有个四川学差，听何景明先生说了句"四川如苏轼的文章，是该考六等的了"，便记在心里。后来，这个学差在四川三年也没查访到苏轼这个学子，便回何景明说："学生在四川三年，到处细查，并不见苏轼来考，想是临场规避了。"

本来呢，蘧景玉是把这个"学差不知苏轼"的故事当笑话来讲的，但是范进却当了真，一本正经地愁着眉说：

"苏轼既文章不好，查不着也罢了，这荀玫是老师要提拔的人，查不着不好意思的。"

从这里可以看到，不仅是故事里的四川学差不知苏轼，范进也是不知苏轼。《儒林外史》设置这个情节的用意在于讽刺执着于科举的文士只关注八股，学识眼界都很狭隘。

我们的话题再回到范进这个人物上，后来的范进在官场风生水起，八面逢迎。《儒林外史》第十八回《约诗会名士携匡二　访朋友书店会潘三》通过严致中的口交代了"在都门敝亲家国子司业周老先生家做居停，因与通政范公日日相聚"。可知，范进后来在京城竟然做到了正四品的通政一职。回乡扫墓，也可谓是衣锦还乡了。

在《儒林外史》卧闲草堂本五十六回本，第五十六回中提及督抚汇齐报部，大学士等议了上去，议道："已故之儒修诗文、墓志、行状，以及访闻事实，合共九十一人，其已登仕籍未入翰林院者：周进、范进……共十五人。"

进表最后提及周进等人(含范进)皆"卓然有以自立",要将他们的"诗文、墓志、行状,以及访闻事实,存贮礼部衙门,昭示来兹可也"。故而可以看出,范进也可谓是身后荣显。

所以,《儒林外史》里的范进是一个大器晚成的士子,是一个后半生在仕途上比较成功的人物,生前显达,身后显名。

范进只是《儒林外史》中一个普通的人物,是群体画像中的一员,所谓"儒者之林",就是指知识分子的"圈"。《儒林外史》中如范进这样的文士又何止一人,中举之前的范进和中举之后的范进都是科举制度下文士的真实写照。

《儒林外史》就是通过刻画这样一群文士的生存状态,深刻揭露科举制度的弊端。

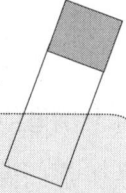

文学小贴士:

中国科举考试制度创始于隋朝,确立于唐朝,完备于宋朝,兴盛于明、清两代,从隋朝大业元年(605)的进士科算起到光绪三十一年(1905)正式废除,整整存在了1300年。

明朝科举考试分为院试、乡试、会试、殿试。

第一级考试叫院试，考取的入府、州、县学，称为生员、秀才、童生，其中成绩好的享受国家的廪膳补助，称为廪生。

第二级考试叫乡试，每三年一次，秋季在各省城举行，凡本省秀才和监生均可考试，考中者为举人，第一名称解元。

第三级考试为会试，每三年一次在京城举行，在乡试后一年的春天，各省举人可以参加，考中的称贡士，第一名称会元。

第四级考试为殿试，由皇帝主持，取中者统称进士，殿试分三甲录取，第一甲取三名，依次称状元、榜眼、探花，合称三鼎甲。

34.《儒林外史》的主人公到底是谁？

我们前面讲了《儒林外史》中范进中举前前后后的故事，那么，范进就是《儒林外史》的主人公吗？不一样的文学课将带你去探寻《儒林外史》的主人公到底是谁——

《儒林外史》的作者吴敬梓，是清代最伟大的小说家之一，当然，他有这样的地位，全赖《儒林外史》之功，也就是说，《儒林外史》确立了吴敬梓在中国文学史上，尤其是小说史上的杰出地位。

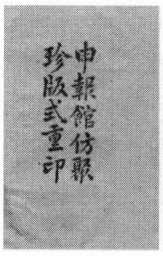 

《儒林外史》是我国古代讽刺小说的高峰，那么这部如此厉害的小说的主人公是谁呢？是范进吗？

说起主人公，那么我们认知中的主人公是个什么样的存在呢？我们看过的小说里，主人公一般都是贯穿小说始终的人物，故事随着主人公的经历而展开。一个第一回出现第二回就死掉的人物肯定不会是主人公。

那么，《儒林外史》里，范进的故事出现在第三回、

第四回,第十八回、第五十六回只出现了名字,人物没有露脸。什么时候出生的、什么时候死亡的,都不得而知。一部五十六回的小说,范进出现的占比大约是百分之三。如果说范进是主人公,我想,吴敬梓也不会同意。

那问题来了,《儒林外史》的主人公到底是谁呢?

从小说的题目《儒林外史》来看,我们知道所谓"儒林"是指"儒者之林",这一说法出自司马迁《史记》中的《儒林列传》,简单来说,"儒林"就是指知识分子的"圈"。题目里还有"外史",是有意区分"正史"的,表明这部书的内容、人物都是杂史野史,不必认真。那么,"儒林外史"就是知识分子圈内的稗官野史。一个"林"字,表明这里面人物比较多。

想要知道主人公是谁,我们需要先了解一下《儒林外史》这部小说特殊的结构。

不同于其他长篇小说,《儒林外史》其实是一部披着长篇外衣的短篇结构,也就是说,一个个相对独立的短篇小说连缀而成《儒林外史》这部长篇小说。

长篇 = 短篇 + 短篇 + …… + 短篇

整部小说按照清晰的时间线索谋篇布局:

《儒林外史》第一回以王冕的故事起篇,第二回至第三十二回写各地各类的儒林人物，第三十三回之后写南京的儒林；第五十五回以市井四奇人作结，呼应第一回。第五十六回的朝廷下诏旌贤将之前出现的人物全部囊括，《儒林外史》中所有有名有姓的人物，旌贤共九十一人，其中礼部奉谕张榜三甲共五十五人。

现在，我们再回到最初的问题上，《儒林外史》的主人公到底是谁？

《儒林外史》是为了批判科举制度，揭露科举制度毒害下当时文士的生存状态，于是刻画了一批典型的知识分子形象，请注意，是一批，不是一个。我们所熟知的比如喜极而疯的范进、悲撞号板的周进、吝啬成性的严监生、虚伪奸诈的严贡生，当然还有孤傲清高的王冕、淡泊功名的杜少卿等等。这一批人物各占一部分篇章，也就是说，《儒林外史》里并没有贯穿始终的人物，而是由一个个相对独立的人物和故事组成的。一个人物的故事讲完之后，引出另一个新的人物，这个新的人物就是后一个故事的主角。就像范进，主要故事只出现在第三回和第四回。

所以，我们可以说，《儒林外史》的主人公是一群人，一群科举制度下生存状态各异的文士。通过他们或悲或喜的生活经历，达到吴敬梓的终极目标：批判科举制度。

文学小贴士：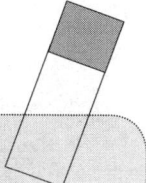

　　吴敬梓（1701-1754），字敏轩，号粒民，晚年自号文木老人，安徽全椒人。吴敬梓出身官宦世家，工诗文，性豪放，但一生坎坷，晚年迁居金陵秦淮河畔，穷困终老。著有《儒林外史》《文木山房诗说》《文木山房集》。

35. 聊斋先生的孤愤

你听过《聊斋志异》里的鬼怪故事吗？不一样的文学课将带你解读聊斋先生的孤愤——

蒲松龄

《聊斋志异》简称《聊斋》，又名《鬼狐传》，是清朝蒲松龄的文言短篇小说集。聊斋，就是蒲松龄的书斋名。志异，可以看出这是延续了南北朝时期的志怪小说，从这里也可以知道，这部小说的主要内容就是鬼怪故事。

《聊斋志异》一共收录了491篇鬼怪故事，成书前后历时四十多年，可以说基本包括了蒲松龄从二十多岁到六十多岁的全部工作年龄，几乎是蒲松龄花费毕生精力收集写成的。

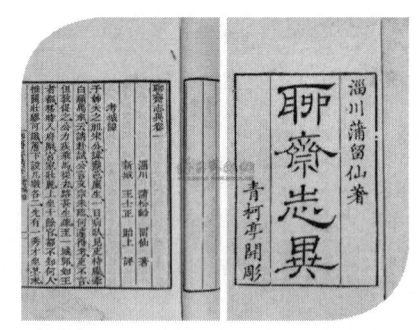

那么，蒲松龄为什么要

写《聊斋志异》，他又想通过这部书表达什么呢？

蒲松龄在《聊斋自序》中说："才非干宝，雅爱搜神；情类黄州，喜人谈鬼。闻则命笔，遂以成编。"这句话表明，创作《聊斋》的最主要原因是自己喜欢这个题材，对鬼怪故事非常感兴趣，于是听到就收集记录，进而形成了这部书。

《聊斋自序》中还有一段话："集腋为裘，妄续幽冥之录；浮白载笔，仅成孤愤之书。寄托如此，亦足悲矣。"这段话写出了蒲松龄创作《聊斋志异》的初衷，也就是通过写鬼怪故事抒发自己心中的孤愤。也就是用"志异"抒"孤愤"。

蒲松龄的《聊斋志异》是用传奇笔法来写志怪，也就是说他不是为谈鬼而谈鬼，也不是为了"搜奇记逸"而写鬼狐怪异，而是为了寄托他对现实社会的不满。他在写鬼写怪的时候，其实是在写人的生活，他是借笔下的鬼狐世界来影射社会现实。比如《席方平》的故事，借幽冥世界的黑暗影射现实官场；比如《梦狼》的故事，用梦境中的狼世界影射"官虎吏狼"的官吏；等等。

《聊斋志异》里有70多篇都是与科举相关的，约占全部篇目的七分之一。所以，对于聊斋先生蒲松龄而言，他心中的孤愤，可能更多地体现在对科举制度的不满。

首先我们了解一下蒲松龄的科举之路，进而就能理解他对科举的"耿耿于怀"啦！

蒲松龄的科举之路从 19 岁开始，19 岁那年，蒲松龄开始参加科举考试，初应童生试，当时的考官是山东学政施闰章，蒲松龄以县、府、道三试第一补博士弟子员，可谓崭露头角、初露锋芒，似乎他的科举之路应该是一片光明。

然而，让我们诧异的是，蒲松龄之后屡考屡不中：

顺治十七年（1660 年），蒲松龄应乡试未中，这一年，他 21 岁；

康熙二年（1663 年），蒲松龄应乡试未中，这一年，他 24 岁；

康熙十一年（1672 年），蒲松龄应乡试未中，这一年，他 33 岁；

康熙十四年（1675 年），蒲松龄应乡试未中，这一年，他 36 岁；

康熙二十六年（1687 年），蒲松龄应乡试，因"越幅"被黜，这一年他 48 岁；

康熙二十九年（1690 年），蒲松龄应乡试，再次犯规被黜，这一年他 51 岁；

康熙四十一年（1702 年），蒲松龄应乡试未中，这一年他 63 岁；

康熙五十年（1711 年），蒲松龄赴青州考贡，为岁贡生，这一年他 72 岁。

从这坎坷的科举之路我们看出，蒲松龄 19 岁考中秀才，一直到72岁，才成为贡生。这长长的科举之路，我们只是看着都觉得心累。真是佩服蒲松龄的恒心和毅力呀！

  有志者事竟成，破釜沉舟，百二秦关终属楚；

  苦心人天不负，卧薪尝胆，三千越甲可吞吴。

这是我们比较熟悉的一个励志对联，相信大家在中学时代都曾以此自勉自励过。这个对联就是蒲松龄写给自己的落第自勉联。我们之前可能只知道这对联里的恒心和决心，却不曾想，这对联背后却是辛酸又心酸的屡次落第，真是扎心呀！

正是因为蒲松龄有长长的科举经历，所以，他对科考这件事感受非常深刻。于是，在《聊斋志异》里，他对科举弊端无情抨击和揭露，比如在《司文郎》《三生》里批判考官昏聩不识人才，在《考弊司》《于去恶》里揭露科场黑暗公然贿赂，在《贾奉雉》《叶生》里抨击考试荒谬。

所有这些，都是蒲松龄心中的不平与块垒，也是他借《聊斋志异》抒发的"孤愤"。

蒲松龄在写《聊斋志异》的时候，不是为了用鬼怪吓唬人，而是想要传达出他对现实的不满与抨击，所以，当我们看到《聊斋志异》里鬼狐怪异的故事时，要用心去体会聊斋先生的孤愤与不平。

文学小贴士：

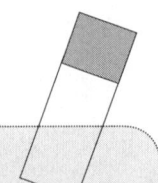

蒲松龄（1640-1715），字留仙，一字剑臣，号柳泉居士，山东淄川（今山东淄博）人。蒲松龄出身于书香世家，然家道中落，自幼由父亲启蒙教读，19岁时以县、府、道三个第一考中秀才，然而之后却屡试不中，直到72岁援例补为岁贡生。蒲松龄穷毕一生精力创作出的文言短篇小说集《聊斋志异》，是中国文言短篇小说的巅峰之作。

36.《红楼梦》：石头的故事

《红楼梦》是中国古典小说的巅峰之作，你读过《红楼梦》吗？不一样的文学课将带你解读这部著作——

曹雪芹的《红楼梦》是中国古典四大名著之一，以贾、史、王、薛四大家族的兴衰演变为背景，展开了一幅封建社会的生活画卷。《红楼梦》堪称一部百科全书，也正因为其内容丰富，后世衍生出一门专门的学问——"红学"。

《红楼梦》原名《石头记》，小说开头就讲了一个石头的故事。在《红楼梦》第一回写道：

> 原来女娲氏炼石补天之时，于大荒山无稽崖炼成高经十二丈、方经二十四丈顽石三万六千五百零一块。娲皇氏只用了三万六千五百块，只单单剩了一块未用，便弃在此山青埂峰下。谁知此石自经煅炼之后，灵性已通，因见众石俱得补天，独自己无材不堪入选，遂自怨自叹，日夜悲号惭愧。

从这里我们看出，所谓的石头，不是普通的石头，是女娲所炼的补天石，是块通灵的石头。后来有一天，茫茫大士、渺渺真人（一僧一道）经过此地时，石头央求二人携其入红尘。于是，茫茫大士将其幻化成一块"鲜明莹洁的美玉，且又缩成扇坠大小的可佩可拿"，然后携入"昌明隆盛之邦，诗礼簪缨之族，花柳繁华地，温柔富贵乡去安身乐业"。这块石头在人间经历了一番，后又回到大荒山，变为那块巨石，与去人间前相比，那石头上记载了一段红尘中悲欢离合炎凉世态的故事。又不知过了几世几劫，空空道人路过，便受石头之托，抄写下来传世。这就是《石头记》，也就是后来的《红楼梦》。

大家可能猜测，这块石头是不是贾宝玉？当然不是，这块石头只是幻化成美玉，并未成人形，所以不是贾宝玉。这块石头虽不是贾宝玉，但也和贾宝玉息息相关。

《红楼梦》第一回还讲了一段神话故事：

> 西方灵河岸上三生石畔有绛珠草一株，时有赤瑕宫神瑛侍者，日以甘露灌溉，这绛珠草始得久延岁月。后来既受天地精华，复得雨露滋养，遂得脱却草胎木质，得换人形，仅修成个女体，终日游于离恨天外，饥则食蜜青果为膳，渴则饮灌愁海水为汤。只因尚未酬报灌溉之德，故其五内便郁结着一段缠绵不尽之意。恰近日这神瑛侍者凡心偶炽，乘此昌明太平朝世，意欲下凡造历幻缘，已在警幻仙子案前挂了号。警幻亦曾问及，灌溉之情未偿，趁此倒可了结的。那绛珠仙子道：

"他是甘露之惠，我并无此水可还。他既下世为人，我也去下世为人，但把我一生所有的眼泪还他，也偿还得过他了。"

我们都知道这就是《红楼梦》里的"木石前盟"，贾宝玉和林黛玉的前缘。所以，贾宝玉就是那神瑛侍者，林黛玉就是那绛珠仙子。正如《红楼梦》第五回中《枉凝眉》中所言：

一个是阆苑仙葩，

一个是美玉无瑕。

若说没奇缘，

今生偏又遇着他；

若说有奇缘，

如何心事终虚化？

一个枉自嗟呀，

一个空劳牵挂。

一个是水中月，

一个是镜中花。

想眼中能有多少泪珠儿，

怎禁得秋流到冬尽，春流到夏！

而这块石头就是贾宝玉出生时口中所衔的通灵宝玉，也正因为衔玉而生，名唤宝玉。

曹雪芹将《红楼梦》的故事来历用一块石头见证和讲述，有何用意呢？

首先，《红楼梦》第一回开篇就说："故将真事隐去，而借通灵之说，撰此《石头记》一书。"用石头作为见证者和讲述者，作者曹雪芹就变成了抄录者、整理者。巧妙回避了"文字狱"的管控，也避了影射之嫌。同时，也暗合清代述而不作的风气。

其次，曹雪芹借这块石头表达自己于世无用的慨叹。《红楼梦》里，这块石头后面有一段偈语：

无材可去补苍天，枉入红尘若许年！

此系身前身后事，倩谁记去作奇传？

这块石头虽同为女娲炼成的补天石，却不能补天，虽说良材美玉，却于世无用，这是借以隐喻主角，也是作者曹雪芹的慨叹。

曹雪芹——

用补天石无材补天，表达自己不能匡时济世的遗憾；

借顽石的枉入红尘，描写自己半生潦倒、一事无成的窘迫；

以无材补天的灵石，表现自己不愿同流合污的傲气。

满纸荒唐言，

一把辛酸泪。

都云作者痴,

谁解其中味。

这就是曹雪芹和他的《红楼梦》,这就是石头的故事。

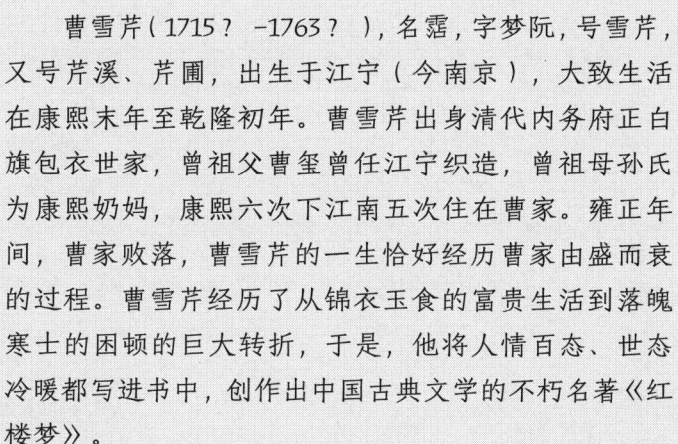

文学小贴士:

曹雪芹(1715?—1763?),名霑,字梦阮,号雪芹,又号芹溪、芹圃,出生于江宁(今南京),大致生活在康熙末年至乾隆初年。曹雪芹出身清代内务府正白旗包衣世家,曾祖父曹玺曾任江宁织造,曾祖母孙氏为康熙奶妈,康熙六次下江南五次住在曹家。雍正年间,曹家败落,曹雪芹的一生恰好经历曹家由盛而衰的过程。曹雪芹经历了从锦衣玉食的富贵生活到落魄寒士的困顿的巨大转折,于是,他将人情百态、世态冷暖都写进书中,创作出中国古典文学的不朽名著《红楼梦》。

后 记

《不一样的文学课》源于我平时教"中国古代文学作品选"课时的一些奇思妙想。备课的过程中,为了增加学生的学习兴趣,我尝试用"不一样"的角度去解析作品,引导学生用"不一样"的眼光去看待作品,找寻司空见惯中的不同寻常。我用"不一样"的方式讲授中国古代文学作品,比如"古今朋友圈",比如超越时空的"辩论赛"。这样的视角让古代文学作品更容易被网络时代的年轻人接受。同时,也希望这不一样的视角能够带给读者一些启发和思考。

2021年暑假新冠疫情再起,郑州变成封控区。我闭坐家中,有了大量的写作空闲,于是我集中一段时间总结平时上课的点滴,将之前零星的思路整理成文,最终有了这36篇小文。

这本小书,尝试用不一样的方式讲授古代文学和文化,希望能够用不一样的方式推广中国古代文学作品,引导新时代的年轻人去关注并爱上中国古代文学作品，进而去传承和弘扬我们的优秀传统文化，增强文化自信。

吾师佟培基先生于我而言如日如月，照亮我求学之路，见证我一路得失。昔日曾与先师约定，我以后有著作付梓都由老师帮我题写书名，当时总觉来日方长。然世事常有遗憾，2021年9月16日先师去世，而今小书付梓之际，音容笑貌已隔世，徒留遗憾。在此追思先生高风亮节，哲人其萎，哀思切切。

同事陈春梅多有指正，河南大学出版社卢志宇、赵海霞用心编校，小书付梓之际，一并致谢！

是为记。

丁雪艳

二〇二一年冬十一月于郑州